BIBB FACHBEITRÄGE ZUR BERUFLICHEN BILDUNG

Melanie Schall | Falk Howe

Berufliche Handlungskompetenz von betrieblichem Ausbildungspersonal

Ein Kompetenzmodell für die Erstellung von Kompetenzprofilen und die Entwicklung von Bildungsangeboten

Bundesinstitut für Berufsbildung

Impressum

Zitiervorschlag:

Schall, Melanie; Howe, Falk: Berufliche Handlungskompetenz von betrieblichem Ausbildungspersonal. Ein Kompetenzmodell für die Erstellung von Kompetenzprofilen und die Entwicklung von Bildungsangeboten. Bonn 2024. URL: https://www.bibb.de/dienst/publikationen/de/19626

1. Auflage 2024

Herausgeber:
Bundesinstitut für Berufsbildung
Friedrich-Ebert-Allee 114 – 116
53113 Bonn
Internet: www.bibb.de

Publikationsmanagement:
Stabsstelle „Publikationen und wissenschaftliche Informationsdienste"
E-Mail: publikationsmanagement@bibb.de
www.bibb.de/veroeffentlichungen

Herstellung und Vertrieb:
Verlag Barbara Budrich
Stauffenbergstraße 7
51379 Leverkusen
Internet: www.budrich.de
E-Mail: info@budrich.de

ISBN 978-3-8474-2854-1 (Print)
ISBN 978-3-96208-446-2 (Open Access)
urn:nbn:de:0035-1095-5

Bibliografische Information der Deutschen Nationalbibliothek
Die Deutsche Nationalbibliothek verzeichnet diese Publikation in der Deutschen Nationalbibliografie; detaillierte bibliografische Daten sind im Internet über http://dnb.dnb.de abrufbar.

Gedruckt auf umweltfreundlichem Papier

▶ Vorwort

Der Transformationsprozess der Wirtschaft, deutlich angetrieben durch die Notwendigkeit der Dekarbonisierung, durch den technologischen Wandel aller Wirtschafts- und Gesellschaftsbereiche sowie durch die demografische Entwicklung und die Heterogenität der Auszubildenden, führt auch zu neuen Anforderungen an die Gestaltung der täglichen Ausbildungspraxis. Informationen im Überfluss, kontinuierliche Novellierungen von Ausbildungsordnungen, vielfältige Quellen unterschiedlicher Qualität und verkürzte Kommunikationswege erschweren Ausbilderinnen und Ausbildern sowie Prüferinnen und Prüfern im Berufsbildungssystem die Auswahl und Nutzung relevanter, qualitätsgesicherter Inhalte für ihre tägliche Arbeit.

Im Auftrag des Bundesministeriums für Bildung und Forschung (BMBF) entwickelte das Bundesinstitut für Berufsbildung (BIBB) vor diesem Hintergrund ein empfehlungsbasiertes Portal für Ausbildungs- und Prüfungspersonal: **www.leando.de**. Leando integriert auch ausgewählte Inhalte der bisherigen Webauftritte des BIBB für die Zielgruppe, www.foraus.de und www.prueferportal.org, sodass beide Webauftritte in Leando aufgegangen sind. Das im November 2023 eröffnete Portal bietet als zentrale Anlaufstelle einen modernen, qualitätsgesicherten und transparent strukturierten Informations- und Wissensservice für alle Fragen rund um die tägliche Ausbildungs- und Prüfungspraxis. Die Zielgruppe, Ausbildungs- und Prüfungspersonal, war kontinuierlich und aktiv an der Gestaltung der Portaldienste beteiligt.

Drei zentrale Themensetzungen stehen dabei im Vordergrund:

▶ Adaptive Bereitstellung von **Informationen und Wissen** rund um die Ausbildungs- und Prüfungspraxis – Über eine einfach strukturierte Navigation sowie eine empfehlungsbasiert angelegte Suche erhält das Ausbildungs- und Prüfungspersonal bedarfsgerechte Wissensbestände in Form von praxisnahen Arbeitshilfen, anwendungsorientierten Informationen und Fallbeispielen guter Ausbildungs- bzw. Prüfungspraxis ebenso wie digitale Tools.

▶ **Austausch und Vernetzung** – Das Portal unterstützt den synchronen und asynchronen Erfahrungsaustausch mit anderen Ausbilderinnen und Ausbildern, mit Prüferinnen und Prüfern ebenso wie das *Community-Building*, die kollegiale Fallberatung und das gemeinsame, auch lernortübergreifende, Erarbeiten von Materialien.

▶ Individuelle und kontinuierliche **Weiterentwicklung der betrieblichen Ausbildungsgestaltung und des Prüfungswesens** durch die Aufbereitung bereits erprobter „guter Praxis" und Entwicklung anwendungsorientierter Lernpfade zu spezifischen Fragestellungen der betrieblichen Ausbildung und von Prüfungen.

Auf diese Weise kann das Portal seine Angebote für die tägliche Ausbildungspraxis idealtypisch in die unterschiedlichen Lernorte „Betrieb", „Überbetriebliche Bildungsstätte" und

„Berufsschule" in Form eines vernetzten Systems einbetten, wo sie effizient und niedrigschwellig für die Praxis bereitstehen. In der Summe ist mit Leando ein umfassender Webservice des BIBB entstanden, der die aktuellen Entwicklungen der Ausbildungs- und Prüfungspraxis kontinuierlich abbildet. Das zukunftsorientierte *Learning Experience Portal* mit seinen hochgradig partizipativen Austauschmöglichkeiten für die Zielgruppe entspricht den Anforderungen, die sich aus dem „Transformationsprozess der Wirtschaft" an eine zeitgemäße betriebliche Ausbildung und ein zukunftsfähiges Prüfungswesen ergeben.

Die vorliegende Expertise zeigt in diesem Kontext auf, wie Bildungsangebote bedarfsorientiert ausgerichtet werden können, um die Kompetenzentwicklung des betrieblichen Ausbildungspersonals zu unterstützen. Im direkten konzeptionellen Austausch mit der Erarbeitung der Portalinfrastruktur und -dienste entwickelte das Institut Technik und Bildung (ITB) der Universität Bremen ein modulares Bildungskonzept, das bei Bedarf crossmedial aufbereitete didaktisch-methodische Lernpfade zur Förderung der beruflichen Handlungskompetenz von betrieblichen Ausbilder/-innen bereitstellt.

Die vorliegende Publikation stellt die Entwicklung und Darstellung eines Kompetenzmodells vor, das die aktuell bestehenden Anforderungen an betriebliche Ausbilderinnen und Ausbilder aufgreift und u. a. als wichtige Referenz zur Ausrichtung derartiger Lernpfade dienen wird. Sie steht für den ersten wissenschaftlich-analytischen Baustein zur grundlegenden Konzipierung der Kompetenzförderung von Ausbildungspersonal, sodass dieser Personengruppe die notwendigen didaktisch-methodischen Werkzeuge zur Gestaltung einer „Berufsausbildung im Wandel" bereitgestellt werden können.

Michael Härtel, Bundesinstitut für Berufsbildung

▶ Inhaltsverzeichnis

▶ Abbildungs- und Tabellenverzeichnis

Abbildungen

Tabellen

▶ Abkürzungsverzeichnis

AdA	Ausbildung der Ausbilder/-innen
AEVO	Ausbilder-Eignungsverordnung
BBS	Berufsbildende Schule
BIBB	Bundesinstitut für Berufsbildung
BMBF	Bundesministerium für Bildung und Forschung
DQR	Deutscher Qualifikationsrahmen
ISCO	*International Standard Classification of Occupations*
KldB2010	Klassifikation der Berufe
KMK	Kultusministerkonferenz
ÜBA	Überbetriebliche Ausbildung

▶ 1   Problemstellung und Vorgehensweise

Dem kompetenten Handeln und Wirken betrieblicher Ausbilderinnen und Ausbilder wird im Berufsbildungsdiskurs eine hohe Bedeutung für die Gestaltung, die Qualität und die Effektivität des Lernprozesses der Auszubildenden zugesprochen (vgl. BAHL 2018). Um diesem Anspruch gerecht werden zu können, muss das betriebliche Ausbildungspersonal eine auf die Ausbildungstätigkeit ausgerichtete berufliche Handlungskompetenz aufweisen. Allerdings stellt die Dynamik des technologischen, ökonomischen und ökologischen Wandels der Arbeits- und Berufswelt betriebliche Ausbilder/-innen vor neue und teilweise konträre Herausforderungen, die sowohl in veränderten Kompetenzanforderungen als auch in einer Reduzierung der Ausbildungsqualität münden können (vgl. NICKLICH/BLANK/ PFEIFFER 2022). Auf betrieblicher Ebene führen beispielsweise der wirtschaftliche Druck und beschleunigte Arbeitsprozesse zu zeitökonomischen Engpässen und Rollenkonflikten seitens des Ausbildungspersonals (vgl. BAHL 2019). Dabei zeichnet sich eine Bedeutungsverschiebung innerhalb der ausbildungsspezifischen Tätigkeiten ab. So werden vor dem Hintergrund der genannten gesellschaftlichen Veränderungen ausbildungsbezogene Tätigkeiten zunehmend kooperativer und vielfältiger (z. B. Zusammenarbeit in Netzwerken). Es ist ein pädagogisches Handeln erforderlich, das auf individuelle Lernprozesse ausgerichtet ist (vgl. DIETTRICH 2017). Auf pädagogischer Ebene wird damit – wie auch in den vergangenen Jahrzehnten – eine Veränderung im didaktisch-methodischen Vorgehen prognostiziert, das stärker am selbstgesteuerten Lernen und der Lernbegleitung ausgerichtet ist (vgl. SCHLÖMER u. a. 2019).

Vor diesem Hintergrund rücken auf wissenschaftlicher, betrieblicher sowie politischer Ebene der Erwerb bzw. die Weiterentwicklung der berufs- und medienpädagogischen Kompetenz betrieblicher Ausbilder/-innen in den Fokus (vgl. z. B. RISIUS/SEYDA 2022; BMAS 2019; HOWE/SANDER/STADEN 2023). Gefragt ist eine stärkere Ausrichtung und Orientierung von Bildungsangeboten an aktuellen Entwicklungen und den von dieser Personengruppe wahrgenommenen Anforderungen im Ausbildungsalltag, wie der Umgang mit Heterogenität, der Einsatz digitaler Medien oder die Stärkung der pädagogisch-didaktischen Professionalität (vgl. BLANK/NICKLICH/BAHL 2022; DIETTRICH/HARM 2018).

Gestützt wird diese Argumentation dadurch, dass die etablierten Aus- und Weiterbildungsangebote, wie die Basisschulung gemäß der Ausbilder-Eignungsverordnung (AEVO) oder die Ausbildungs- und Lehrgänge zum/zur geprüften Aus- und Weiterbildungspädagogen/-pädagogin[1] sowie zum/zur geprüften Berufspädagogen/-pädagogin[2] immer wieder in der Kritik standen. So wurde z. B. festgestellt, dass die Inhalte der AEVO-Schulungen die Aufgabenprofile des betrieblichen Ausbildungspersonals nur unzureichend repräsentieren (vgl. GÖSSLING/SLOANE 2013). Die genannten Ausbildungs- und Lehrgänge werden seltener nachgefragt bzw. stehen aufgrund ihrer langen Dauer in Konflikt mit den betrieblichen

---

1   Siehe ausführlicher: BMJV/BfJ (2019b).
2   Siehe ausführlicher: BMJV/BfJ (2019a).

Rahmenbedingungen, weil Ausbilder/-innen für die Dauer der Lehrgänge nicht von ihrer Haupttätigkeit freigestellt werden können (vgl. REBMANN 2021; ULMER 2019). Ein wesentlicher Schritt in Richtung Anpassung der AEVO-Schulungen erfolgte Mitte des Jahres 2023, indem das BIBB und die Deutsche Industrie- und Handelskammer den AEVO-Rahmenlehrplan an die aktuellen Erkenntnisse und gesellschaftlichen Entwicklungen angepasst haben. Im Vergleich zum vorhergehenden Rahmenlehrplan wurden beispielsweise die Entwicklungen „Digitale Transformation", „Nachhaltigkeit", „Heterogenität der Gesellschaft" und „Fachkräftemangel" stärker berücksichtigt (vgl. AUSBILDERWISSEN 2023). Wie diese Anpassung in der Praxis auf- und angenommen wird, lässt sich derzeit noch nicht abschätzen. Auch die Anpassung des entsprechenden Gesetzes zur AEVO steht noch aus.

Eine weitere Barriere im Feld der Ausbildung des Ausbildungspersonals (AdA) entsteht im Zusammenhang mit dem zunehmenden Einsatz digitaler Lehr- und Lernmethoden sowie Lehr- und Lernmedien für die Gestaltung der Ausbildung. So hat laut einer Studie des Instituts der deutschen Wirtschaft (IW) die Zahl der digitalen Ausbildungsmethoden und -medien wie Onlineseminare, Lernvideos und Podcasts seit 2019 kontinuierlich zugenommen (vgl. RISIUS/SEYDA 2022). Das Ausbildungspersonal steht vor der Aufgabe, das eigene Kompetenzprofil zu erweitern, um diese Lehr- und Lernmedien im Ausbildungsalltag einzusetzen. Die Fort- und Weiterbildung dieser Personengruppe rückt somit stärker in den Fokus (vgl. HOWE/SANDER/STADEN 2023). Dabei wird eine Barriere deutlich: Es fehlen passende Konzepte, die zur bedarfsgerechten und auf den Einsatz digitaler Lernmedien in der Ausbildung bezogenen Fort- und Weiterbildung des betrieblichen Ausbildungspersonals herangezogen werden könnten (vgl. HÄHN/RATERMANN-BUSSE 2020). MEINERS u. a. (2022) betonen in diesem Zusammenhang eine notwendige Orientierung derartiger Fortbildungsangebote an den verschiedenen „Facetten" der Medienkompetenz, um eine adressatengerechte Umsetzung zu erreichen (S. 140). Dieser Gedanke beinhaltet, dass die Medienkompetenz im ersten Schritt dargestellt und beschrieben, d. h., operationalisiert werden muss, um beispielsweise die Lerninhalte und -ziele der Fortbildung abzuleiten.

Die hohe Relevanz einer solchen Operationalisierung von Kompetenzen in ihre „Facetten" wird auch in weiteren berufspädagogischen Perspektiven deutlich. Aus kompetenztheoretischer Sicht erachten beispielsweise SCHMITZ/WARNER/FRENZ (2019) es im Zusammenhang mit der beruflichen Handlungskompetenz des betrieblichen Ausbildungspersonals für erforderlich, die notwendigen Kompetenzen zur selbstständigen Kompetenzentwicklung zu beschreiben, um diese Personengruppe zur eigenverantwortlichen Weiterentwicklung ihrer Tätigkeit als „Bildungsfachkraft" (S. 206) zu befähigen. Aus Forschungsperspektive sehen Bonnes/Binkert/Goller (2022) die weitere Operationalisierung von Kompetenzen als eine Möglichkeit an, die Ausbildungsqualität auch mit quantitativen Verfahren stärker zu fokussieren. Mit Blick auf mögliche Anwendungsfelder der Bildungspraxis ermöglichen solche Operationalisierungen die Weiterentwicklung bestehender Aus- und Weiterbildungsgänge (ebd.), um beispielsweise die über die Berufsfachlichkeit hinausgehenden Dimensionen der beruflichen Handlungskompetenz abzubilden. Dadurch können der jeweils spezifische Weiterbildungsbedarf – angelehnt an SCHLUTZ (2006) verstanden als Diskrepanz zwischen den aktuellen, ggf. lückenhaften Kompetenzen einer Person und den in realen Kontexten benötigten wünschenswerten Kompetenzen – und individuelle Lernziele konkretisiert bzw. abgeleitet werden (vgl. SCHALL 2023).

Bisher lassen sich im aktuellen Diskurs nur wenige Darstellungen der beruflichen Handlungskompetenz des betrieblichen Ausbildungspersonals ausmachen, die eine derartige Operationalisierung zulassen. Bestehende Konzepte und Modelle beziehen sich in der Regel auf eine Domäne oder einen Funktionsbereich der Ausbilder/-innen (z. B. Haupt- oder Nebenamt) und/oder beinhalten Annahmen zur Kompetenz des Ausbildungspersonals durch Dritte, weniger durch die Ausbilder/-innen selbst. Zudem weisen ältere Konzepte Lücken in Bezug auf die aktuell gestellten Kompetenzanforderungen auf. Gemeinsam ist den bestehenden Konzepten und Modellen, dass sie noch keine Möglichkeiten bieten, Kompetenzen in verschiedenen Entwicklungsstufen oder Niveaus abzubilden, wodurch im Bedarfsfall die didaktische Operationalisierung und Ausdifferenzierung der beruflichen Handlungskompetenz hinsichtlich der Festlegung von individuellen Lernzielen oder Profilen durch die fehlende Darstellungsmöglichkeit von Kompetenzentwicklungsstufen erschwert wird (vgl. Kapitel 2.4.7).

Um diese Lücken zu adressieren, wurde das Vorhaben „Berufliche Handlungskompetenz des betrieblichen Ausbildungspersonals – Entwicklung und Validierung eines Kompetenzmodells" begonnen. Das Vorhaben war Teil der konzeptionellen Arbeiten am Internetportal für Ausbildungs- und Prüfungspersonal „Leando" durch das Bundesinstitut für Berufsbildung (BIBB).[3] Neben einem ausbildungs- und prüfungsrelevanten Informations- und Wissensservice soll das neue Portal ein individualisierbares, flexibles, domänenunspezifisches Bildungsangebot für betriebliche Ausbilder/-innen bereitstellen. Um auf didaktischer Ebene die Ziele und Inhalte dieses Bildungsangebots operationalisieren zu können, wurde das o. g. Vorhaben in den Entwicklungsprozess integriert.

Im Zentrum standen folgende Fragestellungen:

1. Welche ausbildungsspezifischen Kompetenzanforderungen stellen sich an das betriebliche Ausbildungspersonal?
2. Wie können diese Kompetenzanforderungen in einem Kompetenzmodell ausgewiesen werden?
3. Wie lässt sich das Kompetenzmodell in Form von Kompetenzbeschreibungen operationalisieren?
4. Wie lässt sich das Kompetenzmodell für die Entwicklung eines bedarfsorientierten Bildungsangebots nutzen?

Die Ergebnisse aus dem Vorhaben werden in diesem Fachbeitrag dargestellt. Es wird ein Kompetenzmodell entfaltet und beschrieben, das auf der Grundlage theoretischer Bezugspunkte sowie aus Ergebnissen von branchenübergreifenden Experteninterviews mit Ausbilder/-innen erstellt wurde. Das Kompetenzmodell soll als Referenz bzw. Orientierungshilfe

---

3   Die Entwicklung des Internetportals **leando.de** (BIBB 2023a) erfolgte im Rahmen der „Initiative Digitale Bildung" des Bundesministeriums für Bildung und Forschung (BMBF).

für die Entwicklung und Gestaltung von Aus-, Fort- und Weiterbildungsangeboten (z. B. Lehrgänge, Beratungen) für betriebliches Ausbildungspersonal dienen und die Entwicklung von Kompetenzprofilen ermöglichen.

Kompetenzmodelle sind ein Konstrukt, das es ermöglicht, die komplexen Zusammenhänge von Kompetenzen mithilfe verschiedener Bereiche und Elemente sowie auf unterschiedlichen Ebenen sichtbar werden zu lassen. Um diese Bereiche, Elemente und Ebenen ausweisen zu können, wurden zu Beginn der hier dargestellten Modellentwicklung im berufspädagogischen Kompetenzdiskurs die relevanten Konzepte und Theorien sowie deren Bedeutung als Bezugspunkte ausgewertet (vgl. Kapitel 2.4). In der Analyse dieses Fachdiskurses wurde frühzeitig deutlich, dass hinsichtlich der Darstellung der beruflichen Handlungskompetenz des betrieblichen Ausbildungspersonals eine Differenzierung in zwei Stränge erforderlich ist. So zeichnet sich die berufliche Situation dieser Personengruppe dadurch aus, dass Ausbilder/-innen zum Zeitpunkt der Aufnahme ihrer Ausbildungtätigkeit bereits über eine domänenspezifische Handlungskompetenz als Fachkraft aufweisen, da sie in der Regel über eine abgeschlossene Ausbildung sowie über eine mitunter langjährige Berufserfahrung verfügen. Mit Aufnahme der Ausbildungtätigkeit verändern sich die Aufgaben der Personengruppe in Richtung pädagogischer und didaktischer Handlungsfelder, die entsprechend mit über die bisherige Berufsfachlichkeit hinausgehenden ausbildungsspezifischen Kompetenzanforderungen einhergehen (vgl. SCHALL 2023).

Vor diesem Hintergrund erfolgte die Entwicklung des Kompetenzmodells in fünf Entwicklungsschritten:

1. Zum Einstieg wurden sowohl relevante Konzepte und Modelle der Allgemein- und Berufsbildung als auch der aktuelle Diskurs zur beruflichen Handlungskompetenz des betrieblichen Ausbildungspersonals analysiert. Dabei lag der Schwerpunkt auf bestehenden Kompetenzmodellen für Fachkräfte sowie auf bestehenden Kompetenzmodellen für das betriebliche Ausbildungspersonal. Ziel war es, die für das Kompetenzmodell relevanten Strukturelemente und Kompetenzbereiche zu identifizieren und zu definieren.

2. Die Ergebnisse des ersten Schritts wurden anschließend zunächst in eine allgemeine Struktur eines Kompetenzmodells überführt, das die identifizierten Strukturelemente umfasst. Auf Basis dieser allgemeinen Struktur erfolgte die Entwicklung eines Entwurfs des Kompetenzmodells, das die im Fachdiskurs identifizierten Kompetenzbereiche zur Darstellung der beruflichen Handlungskompetenz von betrieblichem Ausbildungspersonal aufweist.

3. Mithilfe von Experteninterviews erfolgte im dritten Schritt die Spezifizierung der aktuellen Kompetenzanforderungen, die sich aus Perspektive der betrieblichen Ausbilder/-innen im Ausbildungsalltag ergeben. In einem induktiven Vorgehen konnten so die Praxisperspektive in das Kompetenzmodell einbezogen und zugleich die Validierung und Weiterentwicklung der im Entwurf ausgewiesenen Kompetenzbereiche vorgenommen werden.

4. Den vierten Schritt bildete die Zusammenführung des Kompetenzmodellentwurfs und der Interviewergebnisse zum finalen Kompetenzmodell. In diesem Schritt fielen die Definition der Kompetenzbereiche und die konkrete Formulierung von Kompetenzbeschrei-

bungen unter Berücksichtigung der typischen Handlungsfelder von betrieblichen Ausbilderinnen und Ausbildern. ·

5. Um die Lücke zu adressieren, dass im Fachdiskurs kaum Kompetenzmodelle für das betriebliche Ausbildungspersonal bestehen, die eine vertikale Differenzierung von Kompetenzen in Entwicklungs- oder Niveaustufen vorsehen, erfolgte im letzten Schritt die
Ausweisung von Kompetenzentwicklungsstufen, die sich auf das entwickelte Kompetenzmodell anwenden lassen.

Der Aufbau des Fachbeitrags entspricht grundsätzlich den vorgenommenen Entwicklungsschritten. Der Stand des Fachdiskurses zur Kompetenzorientierung in der Berufsbildung
(Schritt 1) wird in Kapitel 2.1 dargestellt. Eine Unterscheidung von Qualifikation und Kompetenz wird in Kapitel 2.2 vorgenommen. Die Kapitel 2.3 und 2.4 stellen bestehende Kompetenzmodelle für Fachkräfte sowie für das betriebliche Ausbildungspersonal vor.

Der Entwurf des Kompetenzmodells (Schritt 2) wird in Kapitel 3 vorgenommen. Daran
anschließend werden in Kapitel 4 und 5 die Methodik sowie die Ergebnisse der durchgeführten Experteninterviews zu den Themen Ausbildungspraxis (Kapitel 5.1) und Professionalisierung (Kapitel 5.2) des betrieblichen Ausbildungspersonals dargestellt (Schritt 3).

Die Zusammenführung der Teilergebnisse aus den Kapiteln 3, 4 und 5 (Schritt 4) erfolgt in Kapitel 6. Die Festlegung und Beschreibung der Kompetenzbereiche sind Teil des
Kapitels 6.1. Die für das Ausbildungshandeln typischen Handlungsfelder werden in Kapitel 6.2 hergeleitet und differenziert dargestellt. Die Kompetenzbeschreibungen, die mithilfe der Handlungsfelder möglich werden, sind Gegenstand des Kapitels 6.3. Wie Kompetenzentwicklungsstufen auf die Kompetenzbeschreibungen angewendet werden können
(Schritt 5), wird in Kapitel 6.4 beispielhaft dargelegt.

Das Kapitel 7 schließt den Fachbeitrag ab und zeigt den Gebrauchswert des entwickelten Kompetenzmodells für die Ausbildungspraxis auf.

▶ 2 Stand der Diskussion: Kompetenzorientierung in der Berufsbildung[4]

Das Wort „Kompetenz" zählt nicht nur unter Bildungsexpertinnen und -experten zu den Schlüsselbegriffen der letzten Jahrzehnte; es wird in der Forschung, in der Bildungspraxis, in der Bildungsplanung und natürlich auch im Alltag in den verschiedensten Zusammenhängen verwendet, mit anderen Begriffen kombiniert und dabei auch gerne einmal verzerrt dargestellt. Im Zusammenhang sowohl mit allgemeiner als auch mit beruflicher Bildung gibt es schon seit Jahren eine kaum überschaubare Anzahl von Versuchen, den Begriff zu definieren und ihn von anderen abzugrenzen – quer über alle Bildungsgänge von der Grundschule über die Berufsbildung bis zur Universität. Nicht selten werden Veröffentlichungen zum Thema „Kompetenz" durch die Klage über den inflationären Gebrauch dieses Begriffs und dessen vielfältige Interpretationen eingeleitet, um anschließend das zuvor kritisierte Wirrwarr um eine weitere Variante zu bereichern. In einem Punkt sind sich die Bildungsexperten deshalb einig: Es gibt keine allgemeingültige, übereinstimmend anerkannte Definition von „Kompetenz" (vgl. hierzu REINHOLD 2015, S. 59).

Die Auseinandersetzung mit dem Thema „Kompetenzen" hat in der Berufsbildung seit den 1990er-Jahren insbesondere im Zusammenhang mit der sogenannten „Arbeitsorientierten Wende" (FISCHER 2003, S. 1) an Bedeutung gewonnen. War bis in die 1980er-Jahre die Fachsystematik – unmittelbar abgeleitet aus den mit dem jeweiligen Berufsfeld korrespondierenden Fachwissenschaften – dominierend, setzte sich seit den 1990er-Jahren zunehmend die Leitidee eines kompetenzfördernden, handlungs- und arbeitsprozessorientierten Lernens durch.

Ein wichtiger bildungspolitischer Impuls ging von der Enquête-Kommission „Zukünftige Bildungspolitik – Bildung 2000" aus. Diese Kommission aus Sachverständigen und Bundestagsabgeordneten erarbeitete von 1987 bis 1990 Empfehlungen für den Deutschen Bundestag. Bereits im Vorwort des Abschlussberichts wurde im parteiübergreifenden Konsens betont, dass veränderte Anforderungen am Arbeitsplatz zukünftig eine viel stärkere Förderung der Fähigkeit der Beschäftigten zum umfassenden Handeln und zum eigenen Gestalten erfordern würden. Konkretisiert wurde dieser Hinweis in detaillierten Empfehlungen hinsichtlich neuer Kompetenzanforderungen. So würde zukünftig von den Fachkräften verlangt werden, dass sie selbstständig ihre Aufgaben planen, durchführen und kontrollieren, Teamarbeit leisten, grundlegende Erkenntnisse aus konkreten Situationen ableiten und auf andere Sachverhalte analog anwenden sowie verantwortlich und mitgestaltend inner- und außerbetrieblich tätig werden können. Entsprechende arbeits- und kompetenzorientierte Ausbildungskonzepte müssten daher – auch mit Unterstützung der

---

4   Die Ausführungen in diesem Kapitel sind in geringfügig veränderter Form übernommen aus den Publikationen HOWE/KNUTZEN (2015, S. 15) sowie HOWE/KNUTZEN (2021a, S. 13).

Forschung – weiterentwickelt werden. Auslöser für diese Forderung nach einem veränderten – kompetenzorientierten – Leitbild war in erster Linie der Wandel in der Arbeitswelt (vgl. DEUTSCHER BUNDESTAG 1994). Zum übergeordneten Ziel beruflicher Bildung wurden fortan die Selbstständigkeit sowie das Qualitäts- und Verantwortungsbewusstsein der Beschäftigten erhoben, die kooperations-, kommunikations- und interaktionsfähig agieren, ein Verständnis für betriebliche Abläufe und Zusammenhänge mitbringen und bei alledem noch flexibel, kreativ und motiviert arbeiten sollten.

Solche Überlegungen, die betriebliche Arbeitsrealität mit ihren Arbeits- und Geschäftsprozessen zum zentralen, durchgängigen Bezugspunkt beruflicher Bildung zu erheben, korrespondierten mit einem weiteren Sachverhalt, auf den vor allem Berufsbildungsforscher/-innen aufmerksam machten: Die bislang praktizierte Trennung von praktischem Können – erworben in Betrieben – und theoretischem, fachsystematisch strukturiertem und tendenziell abstraktem Wissen – vermittelt in Berufsschulen – führte für die Auszubildenden offensichtlich zu einem zusammenhanglosen Nebeneinander. So blieb den Auszubildenden der Gebrauchswert theoretischen Wissens für die Lösung konkreter beruflicher Probleme oftmals unklar (vgl. WIRTH 2013). Infolgedessen bauten sie Wissensbestände auf, die als „träges Wissen" bezeichnet werden, weil sie keinen unmittelbaren Nutzen für den beruflichen Alltag besitzen (vgl. RENKL 1996). Auch zur Überwindung dieses Phänomens sollte die Kompetenzorientierung eine Antwort liefern.

Vor diesem Hintergrund ist es hilfreich, sich zunächst mit den sprachgeschichtlichen Wurzeln des Kompetenzbegriffs zu beschäftigen. Das Wort hat Ursprünge im Altgriechischen und Lateinischen, ebenso im Englischen, Französischen und Niederländischen. Grundsätzlich besitzt es eine doppelte Bedeutung, nämlich zum einen „Autorität" und zum anderen „Fähigkeit". Den besten Zugang bietet das lateinische Verb *competere*, das mit „zusammentreffen, ausreichen, zu etwas fähig sein und zustehen" übersetzt werden kann. Das Verständnis von Kompetenz in der beruflichen Bildung geht dabei am stärksten auf die Formulierung „zu etwas fähig sein" zurück: Kompetenz soll das Vermögen eines Individuums bezeichnen, den Aufgaben und Anforderungen in seinem (ggf. noch zu erlernenden) Beruf gerecht zu werden.

Einen wichtigen Zeitpunkt in der Geschichte des Kompetenzbegriffs stellt bereits das Jahr 1974 dar: In diesem Jahr erhält „Kompetenz" einen bildungspolitischen Stellenwert durch die Empfehlungen zur Neuordnung der Sekundarstufe II des Deutschen Bildungsrats. Hier heißt es:

> „Der durch die Bildungsgänge der Sekundarstufe II organisierte Lernprozeß soll mit der Fachkompetenz zugleich allgemeine Kompetenzen vermitteln. Die Neuordnung der Sekundarstufe II hat zum Ziel, die Bildungsangebote so zu gestalten, zu organisieren und zu vermitteln, daß der Jugendliche in der Entfaltung seiner persönlichen Fähigkeiten gefördert wird, eine Fachkompetenz erwirbt, durch die er im Beschäftigungssystem eine ihm angemessene Leistung im Beruf erbringen kann und zugleich auf seine gesellschaftlich-politischen Aufgaben vorbereitet wird" (DEUTSCHER BILDUNGSRAT. BILDUNGSKOMMISSION/KRINGS 1974, S. 13).

2.1 Kompetenz: Begriffsklärungen

Obwohl sich in den Jahren nach den Empfehlungen des Deutschen Bildungsrats im bildungspolitischen und wissenschaftlichen Diskurs keine einheitliche Definition von Kompetenz herauskristallisiert hat, weisen die Untersuchungen und Analysen relevanter Literatur darauf hin, dass sich im deutschsprachigen Raum zwei Hauptargumentationslinien zur Ableitung des Kompetenzbegriffs entwickelt haben: die kognitionspsychologische und die handlungsorientierte Perspektive (vgl. EULER 2020).

Die kognitionspsychologische Perspektive rekurriert auf den Kompetenzbegriff nach Franz E. WEINERT. Demnach umfasst Kompetenz „die bei Individuen verfügbaren oder durch sie erlernbaren kognitiven Fähigkeiten und Fertigkeiten, um bestimmte Probleme zu lösen, sowie die damit verbundenen motivationalen, volitionalen und sozialen Bereitschaften und Fähigkeiten, um die Problemlösungen in variablen Situationen erfolgreich und verantwortungsvoll nutzen zu können" (WEINERT 2014b, S. 27f.; vgl. auch WEINERT 2001). Aus der Definition geht der Verweis auf die Fähigkeit und Bereitschaft eines Individuums hervor, kognitive Aufgaben in einer bestimmten Domäne zu lösen. Daher wird diese Perspektive z. B. dann eingenommen, wenn psychometrisch-diagnostische Ansprüche an eine Kompetenzmessung eine Rolle spielen und der Fokus auf den Lernergebnissen liegt. Ein Beispiel aus der schulischen Bildung ist die Entwicklung nationaler Bildungsstandards nach KLIEME u. a. (2003). Beispiele aus der Berufsbildungspraxis sind die Projekte zur Kompetenzmodellierung und -erfassung der Forschungsinitiative Ascot+ (2011–2015) des Bundesministeriums für Bildung und Forschung (vgl. BMBF 2023).

Die handlungsorientierte Perspektive, für die z. B. BADER (2004) steht, betrachtet im beruflichen Kontext Kompetenz als „die Fähigkeit und Bereitschaft des Menschen, in beruflichen Situationen sach- und fachgerecht, persönlich durchdacht und in gesellschaftlicher Verantwortung zu handeln" (BADER 2004, S. 20). Sie ist gleichermaßen Voraussetzung und Ergebnis der Lern- und Entwicklungsprozesse einer Person (vgl. ebd.).

Der Hauptunterschied zwischen dem handlungsorientierten Kompetenzbegriff und dem kognitionspsychologischen Kompetenzbegriff liegt in der Auffassung, ob Kompetenzen über entsprechende Testverfahren erfasst, gemessen und über Niveaustufen abgebildet werden können (vgl. EULER 2020). Dagegen spielt die Frage nach der didaktischen Gestaltung von Lehr-/Lernprozessen im handlungsorientierten Verständnis eine größere Rolle. Interessanterweise wird in der berufspädagogischen Fachliteratur zur Bestimmung der beruflichen Handlungskompetenz trotzdem eher auf die kognitionspsychologische Definition von WEINERT zurückgegriffen (vgl. z. B. BRAND/HOFMEISTER/TRAMM 2005; HOWE/KNUTZEN 2015; REINHOLD 2015). Dass diese Definition häufig als Bezugspunkt herangezogen wird, lässt sich damit begründen, dass Weinert (2014b) sich in der weiteren Ausführung dem handlungsorientierten Kompetenzbegriff nähert (S. 28).

Mit dieser erweiterten Definition wird eine Nähe zu den Merkmalen der beruflichen Handlungskompetenz hergestellt, die in der Berufsbildung eine Rolle spielen. Hierzu zählen:

▶ Subjektorientierung und Förderfähigkeit: Weinert (2014b) verweist auf die „kognitiven Fähigkeiten und Fertigkeiten" (S. 27), die in der Person angelegt sind. Die Definition geht aber über den Aspekt der Förderung eines Individuums hinaus und verweist auf die dem Individuum innewohnenden Haltungen und Werte, d. h. der Motivation, sozialen Einstellungen, Emotionen als Basis gelingender Lernprozesse, und knüpft damit an der Subjektorientierung des handlungsorientierten Kompetenzbegriffs an (vgl. BRAND/HOFMEISTER/TRAMM 2005; REINHOLD 2015).

▶ Problemorientierung, Handlungsorientierung und Situationsbezug: Mit dem Verweis auf die Problemlösung beinhaltet die Definition nach WEINERT (2014b) eine Orientierung an situativen Handlungen. Dies ist eine Ausrichtung, die im Begriff der Handlungskompetenz mündet (vgl. GESSLER/SEBE-OPFERMANN 2016). Die Befähigung einer Person, diese Anforderungen bzw. Probleme zu lösen, stellt einen Kernaspekt der Handlungskompetenz dar. Damit ist WEINERT (2014b) an die Entwicklung der arbeitsorientierten Wende und der damit einhergehenden didaktischen Neuorientierung in der Berufsbildung anschlussfähig.

Unabhängig davon, ob es sich eher um die kognitionspsychologische oder die handlungsorientierte Perspektive handelt, lässt sich als Fazit der Analyse des Kompetenzdiskurses und mit Bezug auf die vielen verschiedenen Begriffsklärungsversuche zumindest ein kleinster gemeinsamer Nenner zur Definition von Kompetenz finden:

> „Unter Kompetenz lässt sich das Vermögen und die Bereitschaft eines Individuums verstehen, ein Ziel zu erreichen, eine Herausforderung zu bewältigen oder ein Problem zu lösen" (HOWE/KNUTZEN 2015, S. 16).

2.1.1 Berufliche Handlungskompetenz von Fachkräften[5]

Im Kontext der Berufsbildung dreht sich die Diskussion um den Kompetenzbegriff vor allem um die Leitidee der beruflichen Handlungsfähigkeit, wobei grundsätzlich eher auf das handlungsorientierte Kompetenzverständnis zurückgegriffen wird (vgl. BERBEN 2016). Allerdings haben sich in Bezug auf den betrieblichen Teil der Berufsausbildung und den schulischen Teil der Berufsausbildung leicht differierende Verständnisse etabliert.

So wird in § 1 Abs. 3 des Berufsbildungsgesetzes als übergeordnetes Ziel des betrieblichen Teils der Berufsausbildung festgelegt, dass diese „die für die Ausübung einer qualifizierten beruflichen Tätigkeit in einer sich wandelnden Arbeitswelt notwendigen beruflichen Fertigkeiten, Kenntnisse und Fähigkeiten (berufliche Handlungsfähigkeit) in einem geordneten Ausbildungsgang zu vermitteln" hat. Ein Blick in erläuternde Materialien und auf einschlägige Internetquellen für die Ausbildungspraxis zeigt dabei, dass berufliche Handlungsfähigkeit in der Regel gleichbedeutend mit beruflicher Handlungskompetenz verwendet wird.

---

5 Die Ausführungen in diesem Kapitel sind in geringfügig veränderter Form übernommen aus HOWE/KNUTZEN (2015, S. 16f.).

Als weitere Referenz für die betriebliche Berufsausbildung gilt seit dem Jahr 2015 verbindlich der sogenannte „Deutsche Qualifikationsrahmen für Lebenslanges Lernen" (DQR; vgl. DQR o. D.). Im DQR wird als Ziel von Bildungsmaßnahmen eine umfassende Handlungskompetenz ausgewiesen; Sie „bezeichnet die Fähigkeit und Bereitschaft des Einzelnen, Kenntnisse und Fertigkeiten sowie persönliche, soziale und methodische Fähigkeiten zu nutzen und sich durchdacht sowie individuell und sozial verantwortlich zu verhalten. Kompetenz wird in diesem Sinne als umfassende Handlungskompetenz verstanden" (DQR 2013, S. 45).

Als übergeordnetes Ziel für den schulischen Teil der Berufsausbildung sieht die Kultusministerkonferenz (KMK) unter Bezugnahme auf die Expertise von BADER (2004) vor, bei den Schülerinnen und Schülern eine berufsbezogene und berufsübergreifende Handlungskompetenz zu fördern. Diese wird dabei verstanden als „Bereitschaft und Befähigung des Einzelnen, sich in beruflichen, gesellschaftlichen und privaten Situationen sachgerecht durchdacht sowie individuell und sozial verantwortlich zu verhalten" (KMK 2021, S. 15).

Eine Erweiterung erfährt diese Festlegung durch den Hinweis auf den Bildungsauftrag der Berufsschule. Die Schülerinnen und Schüler sollen nicht nur handlungskompetent, sondern zudem gestaltungskompetent werden, sodass diese „zur Erfüllung der Aufgaben im Beruf sowie zur nachhaltigen Mitgestaltung der Arbeitswelt und der Gesellschaft in sozialer, ökonomischer, ökologischer und individueller Verantwortung" (KMK 2021, S. 10) befähigt werden.

Zusammenfassend lässt sich festhalten, dass die in den 1980er-Jahren erfolgte Verankerung der Handlungsorientierung in Form der vollständigen Arbeitshandlung in den beruflichen Curricula zu folgendem Verständnis geführt hat: Übergeordnetes Ziel der Berufsausbildung ist es, dass Auszubildende in ihrer Ausbildung eine umfassende berufliche Handlungskompetenz erwerben sollen. Dabei weisen die Kompetenzbegriffe, wie sie für den betrieblichen Teil und den schulischen Teil der Berufsausbildung verwendet werden, eine trotz leichter Abwandlungen weitgehende Übereinstimmung auf.

2.1.2 Berufliche Handlungskompetenz von betrieblichem Ausbildungspersonal

Die Debatte zur beruflichen Handlungskompetenz des Ausbildungspersonals orientiert sich an den vorherrschenden Konzepten und Modellen zur Kompetenzorientierung in der Fachkräfteausbildung. So entlehnt sich das in diesem Diskurs vorherrschende Kompetenzverständnis aus den entsprechenden Darstellungen zur beruflichen Handlungskompetenz. Mit Novellierung der AEVO im Jahre 2009 wird als eine wesentliche Neuerung in der Empfehlung des BIBB zum Rahmenplan für die Ausbildung der Ausbilder/-innen der Kompetenzbegriff stärker betont. Angelehnt an den DQR wird formuliert:

> „Der Kompetenzbegriff bezeichnet demnach die Fähigkeit und Bereitschaft, Fertigkeiten und Kenntnisse sowie persönliche, soziale und methodische Fähigkeiten in Arbeits- oder Lernsituationen und für die berufliche und persönliche Entwicklung zu nutzen. Kompetenz wird in diesem Sinne als Handlungskompetenz ver-

standen. Wesentliches Merkmal der kompetenzorientierten Darstellung ist eine genauere Beschreibung der Aufgaben der Ausbilder und Ausbilderinnen sowie des Umfelds, in dem sie diese wahrnehmen" (BIBB 2009, S. 5).

Deutlich wird hier die Notwendigkeit, die kompetenzorientierte Darstellung an den Aufgaben und den organisatorischen Rahmenbedingungen (Umfeld) des Ausbildungspersonals auszurichten (Situations- und Handlungsorientierung). Entsprechend werden die Kompetenzen des betrieblichen Ausbildungspersonals mit Bezug auf Handlungsfelder beschrieben. Nach § 2 AEVO werden vier am Ausbildungsprozess orientierte Handlungsfelder für die Umsetzung der AdA ausgewiesen:

1. Ausbildungsvoraussetzungen und Ausbildung planen,
2. Ausbildung vorbereiten,
3. Ausbildung durchführen,
4. Ausbildung abschließen.

Die Handlungsfelder folgen den Konzepten des Situations- und Handlungsbezugs. Allerdings besteht Kritik hinsichtlich des Mangels an empirisch fundierter Begründung und der fehlenden Ausrichtung auf die typischen Aufgaben und Anforderungen, die tatsächlich in der Ausbildungspraxis auftreten. Beispielsweise implizieren die Handlungsfelder in Summe, dass jede ausbildende Person die Auszubildenden von Beginn bis Ende der Ausbildung begleitet (vgl. FRIEDE 2013). Dies ist aber nicht der Fall, wie das Beispiel der ausbildenden Fachkräfte, die Auszubildende teilweise einen kurzen Zeitraum begleiten, oder Ausbilderinnen und Ausbilder in der überbetrieblichen Ausbildung (ÜBA), die Auszubildende während eines bestimmten Abschnitts der Ausbildung begleiten, zeigt. Die AEVO-Schulung lasse sich vielmehr als Anpassungsfortbildung auffassen, die eine Basisqualifikation gewährleistet, aber gleichzeitig im Umfang und Inhalt nicht für alle ausbildenden Personen gleichermaßen relevant sei (vgl. ULMER 2019). Darüber hinaus gilt die AEVO-Schulung als uneinheitlich umgesetzt, die eine ergänzende, kontinuierliche Weiterbildung des Ausbildungspersonals unter Rückbezug auf die Ausbildungspraxis und den dort gestellten Kompetenzanforderungen erforderlich macht (vgl. BAHL/BRÜNNER 2018; ULMER 2019).

Im Zusammenhang mit der Frage, welche Anforderungen es sind, die sich an das betriebliche Ausbildungspersonal stellen, wird deshalb eine weitere Entwicklung im Diskurs deutlich, die auch dem Wandel der beruflichen Handlungskompetenz im Zusammenhang mit der Digitalisierung Rechnung trägt. Mit der zunehmenden Verbreitung digitaler Medien in der Arbeit müssten sich ebenfalls die Lehr- und Lernmethoden in der Ausbildung verändern (vgl. RISIUS/SEYDA 2022). Damit sei es einerseits erforderlich, dass das Ausbildungspersonal über eine IT- und Medienkompetenz in ihrer jeweiligen Domäne verfüge (vgl. MEINERS u. a. 2022), andererseits benötige es medienpädagogische Kenntnisse, um digitale Medien hinsichtlich ihrer Potenziale und Einsatzmöglichkeiten zur Kompetenzentwicklung ihrer Auszubildenden einschätzen und nutzen zu können (vgl. SLOANE u. a. 2018; HÄRTEL u. a. 2018; KLÖS/SEYDA/WERNER 2020; GENSICKE u. a. 2020). Demgemäß steht die Entwicklung einer Medienkompetenz bzw. medienpädagogischen Kompetenz zunehmend im Zentrum des Diskurses zu Aus- und Weiterbildungsmaßnahmen von Ausbildungspersonal (vgl. HÄHN/RATERMANN-BUSSE 2020; HOWE/SANDER/STADEN 2023). Auf bildungspolitischer Ebene werden verschiedene Ansätze und Initiativen entwickelt, um diese Kompetenz über passende Qualifizierungs- und Weiterbildungsangebote zu stärken.[6]

2.2 Kompetenzen und Qualifikationen

Ein Begriff, der im Zusammenhang mit der Diskussion um Kompetenzen regelmäßig auftaucht, ist der der Qualifikation. Der Unterschied zwischen Kompetenz und Qualifikation scheint nicht immer klar zu sein, manchmal werden beide Begriffe sogar gleichgesetzt oder beliebig gegeneinander ausgetauscht. Eine klare Abgrenzung ist für die Berufsbildung allerdings durchaus bedeutsam.

Kompetenzen werden nicht vermittelt und können auch nicht vermittelt werden; sie werden gefördert und aufgebaut, mit anderen Worten: Das Individuum erwirbt sie. Die Auszubildenden sind nicht einfach nur Objekt der Ausbildungs- und Unterrichtsbemühungen von Ausbildungs- und Lehrpersonal, sondern sie selbst sind aktives und für den Erfolg letztendlich entscheidendes Subjekt auf dem Weg vom beruflichen Anfänger zum beruflichen Könner. Auszubildende sind also selbst verantwortlich für die Entwicklung ihrer beruflichen Handlungskompetenz, sie müssen sich aktiv mit ihrem Beruf, mit den sich in diesem Beruf ergebenden Herausforderungen sowie mit den Möglichkeiten, diese Herausforderungen zu bewältigen, auseinandersetzen. Ausbildungs- und Lehrpersonal kann sie zwar in diesem Prozess unterstützen; machen sich Auszubildende die mit ihrem Beruf verknüpften Anforderungen jedoch nicht zu eigen, werden noch so gut gemeinte, didaktisch und fachlich bestens aufbereitete Ausbildungs- und Unterrichtsmaßnahmen im Sinne der Kompetenzentwicklung der Auszubildenden nur sehr bedingt fruchten.

Im Unterschied zu Kompetenzen können Qualifikationen nicht nur erworben, sondern auch vermittelt werden. Während Kompetenzen etwas Individuelles sind, verbergen sich hinter Qualifikationen Fertigkeiten und Kenntnisse, die von Lehrenden angeboten und von Lernenden „aufgenommen" oder zumindest zur Kenntnis genommen und anschließend reproduziert werden können. Der Erfolg dieser Vermittlungsbemühungen wird gewöhnlich durch Prüfungen getestet. Qualifikationen sind deshalb in der Regel mit einem Zertifizierungssystem verknüpft, d. h., sie sind eindeutig identifizierbar, objektbezogen und können in Form von Zeugnissen, Zertifikaten und sonstigen Nachweisen angeboten, nachgefragt und vorgelegt werden.

---

6 Beispielhaft genannt seien Angebote des BIBB (2023b), wie das Web-Dossier „Qualifizierung des überbetrieblichen Ausbildungspersonals im digitalen Wandel", das einen Überblick über den aktuellen Forschungsstand und Praxisbeispiele bietet, oder das „Netzwerk Q 4.0 " (2023), das unter Federführung des Instituts der deutschen Wirtschaft (IW) Qualifizierungsangebote für Ausbildungspersonal vorhält.

Tabelle 1: Unterschied zwischen Kompetenzen und Qualifikationen

Kompetenzen	Qualifikationen
Kompetenzen werden von der Ausbildungskraft gefördert.	Qualifikationen werden von der Ausbildungskraft gefördert.
Kompetenzen werden von den Auszubildenden entwickelt.	Qualifikationen werden von den Auszubildenden angeeignet.
Bei der Entwicklung von Kompetenzen sind die Auszubildenden aktives Subjekt im Lernprozess.	Bei der Vermittlung von Qualifikationen sind die Auszubildenden Objekt des Lehrprozesses.
Kompetenzen verweisen auf das Vermögen und die Bereitschaft der Auszubildenden zur Bewältigung von (beruflichen) Herausforderungen.	Qualifikationen verweisen auf den Grad der Verwertbarkeit von Ausbildungsergebnissen aus Sicht eines Betriebs.
Kompetenz zeigt sich durch Akzeptanz der Auszubildenden in der beruflichen Praxisgemeinschaft.	Der erfolgreiche Erwerb von Qualifikationen kann zertifiziert werden (z. B. Facharbeiterzeugnis).

Quelle: angelehnt an HOWE/KNUTZEN (2015, S. 18)

Qualifikationen verweisen also auf die Verwertbarkeit eines Ausbildungsgangs: Beispielsweise können sich ehemalige Auszubildende nach erfolgreicher Prüfung mit ihren Facharbeitszeugnissen bei einem Betrieb um eine Stelle in ihrem erlernten Beruf bewerben. Das Facharbeiterzeugnis als Qualifikationsnachweis sagt dabei allerdings nicht zwangsläufig etwas über die berufliche Handlungskompetenz der Auszubildenden aus. Sollten sie nur knapp die Prüfung absolviert haben, müssen sie sich die Anerkennung in der beruflichen Praxisgemeinschaft erst noch erarbeiten, und die Möglichkeit des Scheiterns bei der Bewältigung beruflicher Aufgaben bleibt auch dann noch gegeben.

Eine Fachkraft kann also qualifiziert und dennoch inkompetent sein, eine kompetente Fachkraft ohne Qualifikationen kann es dagegen nicht geben: Ein Elektroniker kann beispielsweise für die Installation und Inbetriebnahme moderner Gebäudesystemtechnik qualifiziert sein, dies bescheinigt ihm das Zertifikat eines Weiterbildungsanbieters. Er kennt die Komponenten, das Programmiergerät, die Anwendungssoftware, das zugrunde liegende Bussystem usw. Und dennoch werden diese Qualifikationen erst dann in kompetentes berufliches Handeln münden, wenn er mit konkreten Anwendungsfällen bei Kunden/Kundinnen vertraut ist, um die Tücken der Produkte weiß, die Auswirkungen seines Handelns auf das Gesamtsystem „Gebäude" kennt, das Zusammenspiel seiner Arbeiten mit den Arbeiten anderer Gewerke berücksichtigt usw.

2.3   Kompetenzmodelle für Fachkräfte

2.3.1 Kompetenzstruktur-, Kompetenzniveau- und Kompetenzentwicklungsmodell

Mit der Verständigung der an der Berufsbildung beteiligten Personen auf die Förderung beruflicher Handlungskompetenz als übergeordnetem Ziel sowohl des betrieblichen als auch des schulischen Teils der Berufsausbildung allein ist es bei der Umsetzung der Kompetenzorientierung nicht getan. Um berufliche Curricula und eine darauf bezogene Didaktik entsprechend dieser Leitidee gestalten zu können, muss berufliche Handlungskompetenz weitergehend strukturiert und operationalisiert werden. Diese Strukturierungsfunktion übernehmen sogenannte Kompetenzmodelle. Kompetenzmodelle beschreiben in der Bildungspraxis „Kompetenzen unter Berücksichtigung verschiedener Dimensionen und/oder Niveaus und beziehen sich auf bestimmte Bereiche bzw. Domänen" (HENSGE/SCHREIBER/LORIG 2008, S. 18).

Grundsätzlich lassen sich zwei Typen von Kompetenzmodellen unterscheiden. Beim ersten Typus werden Kompetenzen horizontal gegliedert, d.h., im Fall der beruflichen Bildung werden zum Leitziel „berufliche Handlungskompetenz" Teilmengen in Form von Kompetenzbereichen formuliert. In diesen Modellen, die als „Kompetenzstrukturmodell" bezeichnet werden, geht es insbesondere um die Fragen, mit welchen Dimensionen sich berufliche Handlungskompetenz angemessen beschreiben lässt, in welchen Teilbereichen Kompetenzförderung ansetzen kann und in welchen Kompetenzfacetten sich individuelle Unterschiede ergeben können. Das erste bedeutende Kompetenzstrukturmodell, das die Überlegungen in den Erziehungswissenschaften maßgeblich beeinflusst hat, stammt von Heinrich Roth aus dem Jahr 1971: Es unterscheidet zwischen den Dimensionen Sachkompetenz, Selbstkompetenz und Sozialkompetenz. Mit seinen Ausführungen zur Mündigkeit, verstanden als Zusammenwirken eben dieser Sach-, Selbst- und Sozialkompetenz (vgl. ROTH 1971, S. 188), hat er den Ansatz, Kompetenzen und ihre Beziehungen differenziert darzustellen, bis heute geprägt. Die aktuell gebräuchlichen Bezeichnungen Fachkompetenz, Personalkompetenz (bzw. Human- oder Selbstkompetenz) und Sozialkompetenz, die die Teildimensionen der beruflichen Handlungskompetenz darstellen, haben sich im Berufsbildungsdiskurs mittlerweile etabliert (vgl. BERBEN 2016).

Zum zweiten Typus zählen das Kompetenzniveaumodell und das Kompetenzentwicklungsmodell, die sich auf den Entwicklungsprozess und die Ausprägung von Kompetenzen beziehen. Diese Modelle sind vertikal gestuft und sollen helfen, den Verlauf des Kompetenzerwerbs abzubilden. Die Ausprägung der Kompetenz eines Individuums wird dementsprechend durch die Zuordnung zu einem bestimmten, durch eine Definition beschriebenen Niveau abgebildet. Kompetenzentwicklung bedeutet in diesen Modellen dann folgerichtig das sukzessive Erreichen einer höheren Niveaustufe. Die differenzierte Darstellung der Niveaustufen kann darüber hinaus auf individueller Ebene in Kompetenzprofilen münden, die die Grundlage für die Operationalisierung von Lernzielen oder die Darstellung von Arbeitsplatzanforderungen bilden (vgl. FELDKAMP/PORATH 2016). Ein weitverbreitetes Beispiel für ein Kompetenzentwicklungsmodell ist das Europäische Sprachenportfolio, das eine sechsstufige Einteilung in die Niveaus A1, A2, B1, B2, C1 und C2 vornimmt. Stufe A steht dabei für elementare, Stufe B für selbstständige und Stufe C für kompetente Sprachverwendung.

Werden Kompetenzmodelle anhand der Zielsetzung unterschieden, lassen sich darüber hinaus deskriptive von normativen Kompetenzmodellen unterscheiden. Deskriptive Kompetenzmodelle beschreiben die tatsächlich vorhandenen Kompetenzen von Personen in einem bestimmten Bereich oder Beruf (Ist-Zustand). Normative Kompetenzmodelle legen hingegen fest, welche Kompetenzen idealerweise notwendig sind, um eine bestimmte Position oder Tätigkeit erfolgreich ausüben zu können (Soll-Zustand; vgl. SCHECKER/ PARCHMANN 2006, S. 47).

In der Berufsbildung sind als bedeutsame Beispiele von Kompetenzmodelltypen analog zu den Kompetenzdefinitionen das Kompetenzmodell des DQR und der KMK zu nennen (vgl. DQR 2013; KMK 2021).

2.3.2   Kompetenzmodell des Deutschen Qualifikationsrahmens (DQR)

Nach einem mehrjährigen Erarbeitungs- und Abstimmungsprozess wurde im Jahr 2011 der DQR vorgelegt. Als Rahmenregelung soll es auf seiner Basis möglich sein, bildungsbereichsübergreifend alle Qualifikationen des deutschen Bildungssystems abzubilden, einzuordnen und zu vergleichen. Dabei geht es in erster Linie nicht um einen Vergleich innerhalb des deutschen Bildungssystems, sondern vor allem um die Vergleichbarkeit deutscher Abschlüsse innerhalb Europas. Erklärtes Ziel ist es, durch die Verortung von Qualifikationen in demselben Rahmen Abschlüsse transparenter zu machen und Durchlässigkeit zwischen den Bildungs- und Qualifizierungssystemen zu unterstützen (vgl. DQR 2013).

Tabelle 2: Kompetenzbereiche des DQR

Vier-Säulen-Modell des DQR			
Handlungskompetenz Unter Handlungskompetenz versteht man demzufolge die Fähigkeit und Bereitschaft des/der Einzelnen, Kenntnisse und Fertigkeiten sowie persönliche, soziale und methodische Fähigkeiten zu nutzen und sich durchdacht sowie individuell und sozial verantwortlich zu verhalten.			
Fachkompetenz		**Personale Kompetenz**	
Die Fähigkeit und Bereitschaft, Aufgaben- und Problemstellungen eigenständig, fachlich angemessen, methodengeleitet zu bearbeiten und das Ergebnis zu beurteilen.		Die Fähigkeit und Bereitschaft, sich weiterzuentwickeln und das eigene Leben eigenständig und verantwortlich im jeweiligen sozialen, kulturellen bzw. beruflichen Kontext zu gestalten.	
Wissen	**Fertigkeiten**	**Sozialkompetenz**	**Selbstständigkeit**
Die Gesamtheit der Fakten, Grundsätze, Theorien und Praxis in einem Lern- oder Arbeitsbereich als Ergebnis von Lernen und Verstehen. Der Begriff Wissen wird synonym zu „Kenntnisse" verwendet.	Die Fähigkeit, Wissen anzuwenden, um Aufgaben auszuführen und Probleme zu lösen. ▸ kognitive Fertigkeiten (logisches, intuitives und kreatives Denken) ▸ praktische Fertigkeiten (Geschicklichkeit und Verwendung von Methoden, Materialien, Werkzeugen und Instrumenten)	Die Fähigkeit und Bereitschaft, zielorientiert mit anderen zusammenzuarbeiten, ihre Interessen und sozialen Situationen zu erfassen, sich mit ihnen rational und verantwortungsbewusst auseinanderzusetzen und zu verständigen sowie die Arbeits- und Lebenswelt mitzugestalten.	Die Fähigkeit und Bereitschaft, eigenständig und verantwortlich zu handeln, eigenes und das Handeln anderer zu reflektieren und die eigene Handlungsfähigkeit weiterzuentwickeln.

Quelle: angelehnt an HOWE/KNUTZEN (2015, S. 20)

Der DQR ist sowohl Strukturmodell als auch Entwicklungsmodell. Im Sinne eines Strukturmodells werden mit „Fachkompetenz", die noch weiter in „Wissen" und „Fertigkeiten" unterteilt wird, und „Personale Kompetenz", die eine Gliederung in „Sozialkompetenz" und „Selbstständigkeit" erhält, zwei grundlegende Kompetenzbereiche unterschieden. Als Ergebnis ergibt sich die sogenannte „Vier-Säulen-Struktur" des DQR (vgl. Tab. 2).

In seiner Funktion als Entwicklungsmodell hält der DQR darüber hinaus insgesamt acht Niveaus vor, die formale Bildungsabschlüsse und Qualifikationen bildungsbereichsübergreifend, ausgehend vom Berufsvorbereitungsjahr bis zur Hochschulbildung, differenzieren und denen entsprechend Abschlüsse bzw. Zertifikate zugeordnet werden können. Die Niveaus 7 und 8 sind akademischen Abschlüssen vorbehalten, dementsprechend zeigt Abbildung 1 beispielhaft einige Zuordnungen von Bildungsgängen (mit den entsprechenden Abschlüssen bzw. Qualifikationen) aus dem Berufsbildungssystem zu den Niveaus 1 bis 6.

Abbildung 1: Kompetenzniveaus im DQR

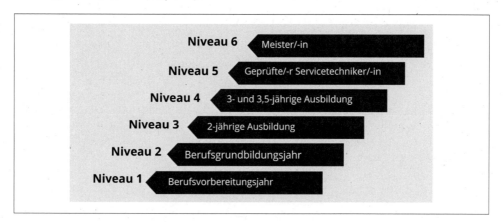

Quelle: angelehnt an HOWE/KNUTZEN (2015, S. 21)

Auch wenn der DQR in erster Linie ein Referenzinstrument zur Bewertung, zum Vergleich und zur Einordnung nationaler Bildungsabschlüsse innerhalb der Europäischen Union ist, nimmt er Einfluss auf Überlegungen zur Kompetenzorientierung im deutschen Berufsbildungssystem. Die Entwicklung von beruflichen Curricula und von didaktischen Konzepten hat insbesondere durch die festgelegten Kompetenzbereiche einen zentralen Referenzpunkt erhalten.

2.3.3   Kompetenzmodell der Kultusministerkonferenz (KMK)[7]

Das Curriculum für den schulischen Teil der dualen Berufsausbildung ist der Rahmenlehrplan. Seit 1996 werden Rahmenlehrpläne kompetenzorientiert nach dem Lernfeldkonzept erarbeitet: Referenz für ein Lernfeld ist ein Berufliches Handlungsfeld des jeweiligen Ausbildungsberufs mit den zugehörigen Aufgabenstellungen und Arbeitsprozessen. Anspruch ist es, in einem Lernfeld die zu fördernden Kompetenzen mit inhaltlichen Konkretisierungen zu beschreiben. In der Summe soll die unterrichtliche Umsetzung der Lernfelder zum Aufbau einer umfassenden beruflichen Handlungskompetenz der Schülerinnen und Schüler führen. Um dieses sowohl für die differenzierte Darstellung von Lernfeldern als auch für didaktische Hinweise zur Umsetzung der Lernfelder in Form eines kompetenzfördernden und handlungsorientieren Unterrichts (sogenannte Lernsituationen) operationalisieren zu können, legt die KMK in ihren Handreichungen ein Kompetenzstrukturmodell fest. Nach diesem Modell, das sich sehr eng an einen Vorschlag von BADER/MÜLLER (2002) sowie die Expertise von BADER (2004) anlehnt, wird Handlungskompetenz in die drei Kompetenzbereiche Fachkompetenz, Sozialkompetenz und Selbstkompetenz untergliedert (vgl. KMK 2021).

Tabelle 3: Kompetenzbereiche des KMK-Modells

Kompetenzverständnis der KMK		
Handlungskompetenz Unter Handlungskompetenz versteht man demzufolge Bereitschaft und Befähigung des/der Einzelnen, sich in beruflichen, gesellschaftlichen und privaten Situationen sachgerecht durchdacht sowie individuell und sozial verantwortlich zu verhalten.		
Fachkompetenz	**Sozialkompetenz**	**Selbstkompetenz**
Bereitschaft und Fähigkeit, auf der Grundlage fachlichen Wissens und Könnens Aufgaben und Probleme zielorientiert, sachgerecht, methodengeleitet und selbstständig zu lösen und das Ergebnis zu beurteilen	Bereitschaft und Fähigkeit, soziale Beziehungen zu leben und zu gestalten, Zuwendungen und Spannungen zu erfassen und zu verstehen sowie sich mit anderen rational und verantwortungsbewusst auseinanderzusetzen und zu verständigen	Bereitschaft und Fähigkeit, als individuelle Persönlichkeit die Entwicklungschancen, Anforderungen und Einschränkungen in Familie, Beruf und öffentlichem Leben zu klären, zu durchdenken und zu beurteilen, eigene Begabungen zu entfalten sowie Lebenspläne zu fassen und fortzuentwickeln
Methodenkompetenz		
Kommunikative Kompetenz		
Lernkompetenz		

Quelle: angelehnt an HOWE/KNUTZEN (2015, S. 22)

---

7   Die Ausführungen in den Kapiteln 2.2, 2.3.1, 2.3.2, 2.3.3 sind in geringfügig veränderter Form übernommen aus HOWE/KNUTZEN (2015, S. 17ff.).

Als immanenten Bestandteil der aufgeführten Kompetenzbereiche – und damit gewisser-maßen quer zu diesen – sieht die KMK darüber hinaus die Methodenkompetenz, die Kommunikative Kompetenz und die Lernkompetenz vor (vgl. KMK 2021).

Das Kompetenzstrukturmodell der KMK hat sich im Bereich der Berufsbildenden Schulen etabliert. Für Berufsschullehrkräfte ist es das zentrale Bezugssystem, wenn es um die Beschreibung und Differenzierung von beruflicher Handlungskompetenz geht. Allerdings wird auch vonseiten der KMK die Diskussion um den DQR zur Kenntnis genommen und berücksichtigt. So wurde z. B. – um die Anschlussfähigkeit der Kompetenzmodelle besser verdeutlichen zu können – der ursprüngliche Kompetenzbereich „Humankompetenz" in „Selbstkompetenz" umbenannt.

2.3.4 Zusammenführung der Kompetenzmodelle von DQR und KMK

Während das KMK-Modell auf die kompetenzorientierte Umsetzung des schulischen Unterrichts abzielt, indem es ermöglicht, Lernfelder zu operationalisieren und Kompetenzen als Ziel der Unterrichtsmaßnahmen festzulegen, fokussiert der DQR stärker auf die Beschreibung von Qualifikationen und Abschlüssen, um diese vergleichen zu können. Eine Synthese beider Modelle findet sich bei HOWE/KNUTZEN (2015) im Rahmen ihres Berufsbildungskonzepts der Kompetenzwerkstatt (**www.kompetenzwerkstatt.net**). Für den Kontext der Berufsbildung führen sie die Kompetenzbereiche des DQR und der KMK – gewissermaßen als eine „Schnittmenge" zwischen diesen – in ein praxistaugliches Kompetenzstrukturmodell zusammen.

Als übergeordnetes Ziel beruflicher Bildung bleibt die berufliche Handlungskompetenz bestehen und bezeichnet in Anlehnung an die KMK-Auffassung die Fähigkeit und Bereitschaft eines Individuums, in beruflichen Situationen sach- und fachgerecht, persönlich durchdacht und in gesellschaftlicher Verantwortung zu handeln, d. h., berufliche Aufgaben, Aufträge, Probleme und Herausforderungen zielorientiert, systematisch und begründet auf der Basis von Wissen und Erfahrungen sowie durch eigene Ideen selbstständig zu lösen, die gefundenen Lösungen zu bewerten und dadurch seine Handlungsfähigkeit kontinuierlich weiterzuentwickeln (vgl. KMK 2021).

Nach diesem Verständnis wird berufliche Handlungskompetenz weiter in die zentralen Kompetenzbereiche der Fachkompetenz, der Methodenkompetenz sowie der Sozial- und Personalkompetenz differenziert. Wie sich Abbildung 2 entnehmen lässt, lassen sich dabei alle Kompetenzbereiche der Kompetenzmodelle ineinander überführen, ohne dass ein Element verloren ginge.

Abbildung 2: Zusammenführung der Kompetenzmodelle des DQR und der KMK

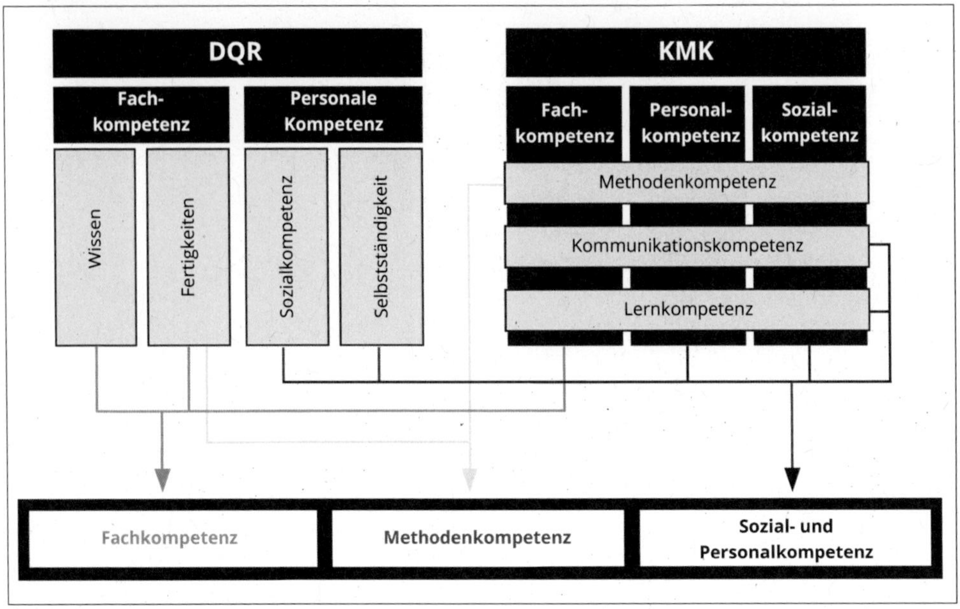

Quelle: nach HOWE/KNUTZEN *(2021b, S. 36)*

Die einzelnen Bereiche der beruflichen Handlungskompetenz beschreiben HOWE/KNUTZEN (2021b, S. 36f.), in Zusammenführung der Begriffsklärungen des DQR und der KMK, wie folgt:

▶ **Fachkompetenz:** „Fähigkeit und Bereitschaft, berufliche Aufgaben, Aufträge, Probleme und Herausforderungen theoriegeleitet, theoretisch fundiert und fachlich angemessen zu bewältigen und das Ergebnis in seiner Qualität zu beurteilen. Hierzu gehören das Wissen über relevante Inhalte, fachsystematische Zusammenhänge und Strukturen, über prozessuale Erfordernisse und Gesamtzusammenhänge sowie die erforderlichen praktischen Fertigkeiten. Eingeschlossen ist weiterhin die Fähigkeit zur Verwendung der Fachsprache einschließlich der Fachbegriffe, Normzeichen und -symbole sowie etablierter Abstraktionen und Modelle" (ebd., S. 36).

▶ **Sozial- und Personalkompetenz:** „Fähigkeit und Bereitschaft, soziale Beziehungen zu erfassen und zu verstehen, sich mit anderen rational und verantwortungsbewusst auseinanderzusetzen und mit ihnen zielorientiert zusammenzuarbeiten. Hierzu gehört auch die Entwicklung von Wertvorstellungen, sozialer Verantwortung und Solidarität. Eingeschlossen ist zudem die Fähigkeit und Bereitschaft, sich auf Basis von Selbstvertrauen, Selbstständigkeit, Verantwortungsbewusstsein, Reflexivität und Kritikfähigkeit als individuelle Persönlichkeit weiterzuentwickeln und das eigene Leben im jeweiligen sozialen, kulturellen und beruflichen Kontext eigenständig und selbstverantwortlich zu gestalten" (ebd., S. 37).

▶ **Methodenkompetenz:** „Fähigkeit und Bereitschaft, unterschiedliche Techniken, Verfahren und Methoden fachgerecht, sachbezogen, systematisch und situationsangemessen zur erfolgreichen Bearbeitung von beruflichen Aufgaben, Aufträgen, Problemen und Herausforderungen anzuwenden. Dies betrifft Arbeitstechniken wie das Planen und Organisieren sowie die Recherche, die Auswertung und die zielgerichtete Nutzung von Informationen, die Steuerung und Reflexion des eigenen Handelns sowie die Strukturierung, Dokumentation und Nutzung beruflicher Erlebnisse und Erfahrungen" (ebd., S. 37).

2.3.5 Kompetenzentwicklungsstufen

Die vorgestellten, in der Berufsbildung gängigen Kompetenzmodelle weisen Defizite in Bezug auf die Formulierung von Lernzielen auf. Die Möglichkeiten zur Operationalisierung von Kompetenzen zur Entwicklung von Lernzielen – insbesondere hinsichtlich des Grades ihrer Ausprägung – erweisen sich diesbezüglich als unzureichend. Der Ansatz des DQR bezieht sich auf die Einordnung von Bildungsabschlüssen, d. h. auf die Lernergebnisse. Insofern ermöglicht der DQR deskriptive Aussagen über die Kompetenzen, die mit einer bestimmten Qualifikation verbunden sind. Lernziele – verstanden als normative Beschreibungen eines Soll-Zustands, der mit einer Bildungsmaßnahme erreicht werden soll – werden nicht formuliert. Das KMK-Kompetenzmodell wiederum sieht keine expliziten Niveau- oder Entwicklungsstufen vor. Es findet sich in der Regel lediglich der nicht weiter ausgeführte Hinweis, dass die Lernfelder spiralcurricular aufeinander aufbauen. Insofern ist zu vermuten, dass die in den Lernfeldern als Ziele formulierten Kompetenzen im Laufe der Ausbildung eine immer stärkere Ausprägung erfahren sollen. Ein Entwicklungsmodell oder ein Ansatz, wie solche Niveaus auszuweisen sind, finden sich nicht.

In der Allgemein- und Berufsbildung bestehen jedoch durchaus Lösungsansätze, um dieser Herausforderung zu begegnen (vgl. Howe/Knutzen 2007). Als ältere, etablierte Ansätze sind beispielsweise die Lernintentionen nach Heimann (1962), die Lernzielstufen gemäß Deutscher Bildungsrat (1970), die Lernzieltaxonomie nach Bloom/Engelhart (1976) oder Krathwohl/Bloom/Masia (1978) sowie die Lernzielhierarchien von Möller (1976) zu nennen. Aktuelle Ansätze zur Operationalisierung von Lernzielen mit Bezug zur Handlungskompetenz lassen sich im schulischen Kontext beispielsweise in den Ausführungen vom Landesamt für Schule und Bildung Sachsen (2021) zu Anforderungsbereichen und Operatoren für den (berufs-)schulischen Unterricht gemäß KMK (2018) finden. Benannt werden Ansätze, die aufeinander folgende Entwicklungsstufen wie „Wiedergabe" – „Anwendung" – „Eigenständige Lösung" oder auch „Reproduktion" – „Reorganisation" – „Transfer" – „Problemlösen und Werten" ausweisen.

Für die betriebliche Seite der dualen Ausbildung werden Niveaus mit Blick auf die Abschlussprüfungen, so z. B. für die Schuhfertiger/-innen (vgl. BIBB 2018), oder die für die berufliche Bildung weiterentwickelten Lernzielstufen gemäß Deutscher Bildungsrat 1970 durch Howe/Knutzen (2007) definiert. Bezüglich dieser aktuelleren konzeptionellen Überlegungen bieten sich für die niveaubezogene Operationalisierung von Kompetenzen drei Stufen an:

1. **Reproduktion:** Personen auf dieser Kompetenzentwicklungsstufe sind in der Lage, Gelerntes aus dem Gedächtnis wiederzugegeben und ohne weitere kontextspezifische Anpassungen anzuwenden. Sie führen bereits bekannte Arbeitstechniken und -methoden auf Basis von Leitfäden oder Vorschriften aus. Bei Personen dieser Kompetenzentwicklungsstufe handelt es sich in der Regel um Einsteigerinnen und Einsteiger. Kompetenzen dieser Stufe können als Grundlage für alle folgenden Stufen angesehen werden.

2. **Reorganisation:** Kompetenzausprägungen dieser Kompetenzentwicklungsstufe beziehen sich auf das selbstständige Nutzen, (Weiter-)Entwickeln und (Re-)Strukturieren bzw. angepasste Anordnen bereits bekannter Inhalte. Das umfasst das Anwenden gelernter Inhalte und bereits erworbener Erfahrungen sowie bekannter Methoden und Arbeitsmittel auf vergleichbare bzw. ähnliche Problemstellungen. Diese Problemstellungen zeichnen sich dadurch aus, dass sie neue, sich aus einem geänderten Kontext ergebende Anforderungen aufweisen.

3. **Transfer und Problemlösung:** Personen auf dieser Kompetenzentwicklungsstufe bewältigen für sie neue Problemstellungen auch aus ihnen bislang tendenziell fremden Anwendungsbereichen. Sie übertragen Gelerntes und bereits erworbene Erfahrungen planvoll auf neue Bereiche. Auf dieser Basis entwickeln sie eigene, neue Strategien und Vorgehensweisen, um so die ihnen gestellten Herausforderungen und Aufgaben kreativ, planmäßig, selbstständig und ggf. intuitiv zu lösen – sie sind Expertinnen und Experten ihres Gebiets.

Diese Stufen unterstützen bei der Beschreibung eines Kompetenzprofils, sie geben jedoch keine Hinweise zum Prozess, wie eine Person ihre Kompetenzen erwirbt bzw. aufbaut. Der Aufbau von Kompetenzen ist von verschiedenen Faktoren und Umweltbedingungen wie dem Zeitrahmen, der individuellen Kompetenz und „anthropogenen und soziokulturellen Bedingungen" (REINHOLD 2015, S. 76) abhängig. Damit geht die Kompetenzentwicklung über die im Rahmen einer Aus- und Weiterbildung bestehenden Lernzeiten und Kompetenzentwicklungsmöglichkeiten hinaus, um als Person von den basalen Kompetenzen der Reproduktion zum Transfer zu gelangen (vgl. ausführlich REINHOLD 2015, S. 59ff.)

2.4 Kompetenzmodelle für betriebliches Ausbildungspersonal

Um sich der Frage zu nähern, welche (ausbildungsspezifischen) Kompetenzanforderungen sich an das betriebliche Ausbildungspersonal stellen und wie diese sich in einem Kompetenzmodell darstellen lassen, wurde eine vertiefende Recherche zu Kompetenzmodellen mit Fokus auf das betriebliche Ausbildungspersonal durchgeführt. Es wurden die im Folgenden kurz skizzierten vier Modelle bzw. Systematisierungen identifiziert, die sich auf eine Darstellung der beruflichen Handlungskompetenz des Ausbildungspersonals beziehen. Eine Beschreibung der medienpädagogischen Kompetenz des betrieblichen Ausbildungspersonals findet sich darüber hinaus bei GENSICKE u. a. (2020) und HÄRTEL u. a. (2018).

Es wurde ein deduktives Vorgehen gewählt, um sich den inhaltlichen Bestimmungen der Strukturelemente des angestrebten Kompetenzmodells zu nähern. Ziel dieses Kapitels ist es, diese Strukturelemente inhaltlich mit Fokus auf das Vorhabenziel zu konkretisieren. Entsprechend wird die Frage adressiert, wie die „ausbildungsbezogene" Handlungskompetenz des Ausbildungspersonals im Fachdiskurs bisher in Kompetenzmodellen ausgewiesen wird.

2.4.1 Grundstruktur eines Kompetenzmodells für hauptberufliches Ausbildungspersonal nach WOLFF (2023)

Eine aktuelle und umfassende Clusterung der beruflichen Handlungskompetenz von hauptberuflich tätigen betrieblichen Ausbilderinnen und Ausbildern in Industriebetrieben hat Wolff (2023) im Rahmen seiner Promotion vorgenommen. Aufbauend auf einer Analyse bestehender Kompetenzmodelle, einer Dokumentenanalyse und einer Fallstudie entwickelte er ein Kompetenzstrukturmodell, das sowohl theoretisch aus den Rahmenlehrplänen für Ausbildungspersonal (z. B. Rahmenlehrplan zur AEVO, Rahmenlehrplan zum geprüften Aus- und Weiterbildungspädagogen) abgeleitete Kompetenzbereiche als auch die Faktoren der Digitalisierung einbezieht. Sein theoretisches Kompetenzstrukturmodell baut auf dem Kompetenzverständnis und den Aspekten von WEINERT (2014a) als „Bausteine beruflicher Handlungskompetenz" (WOLFF 2023, S. 336) auf. Als relevante Kompetenzbereiche leitet Wolff die Facharbeit, die Pädagogik, das Unternehmen und das Ausbildungssystem aus bestehenden Kompetenzmodellen ab. Sie stellen für ihn „Ordnungskategorien" (ebd., S. 336) dar, welche sich weiter ausdifferenzieren lassen. Die Beratungskompetenz sowie Medienkompetenz, die der Autor durch eine Analyse von Zukunftsstudien als zusätzliche relevante Bereiche für den Prozess der Modellentwicklung erkannt hat, werden schließlich als Querschnittskompetenzen in die Grundstruktur eingeführt und verortet.

Aufgrund seiner allgemeingültigen Datenbasis versteht Wolff (2023) das Modell (vgl. Abb. 3) als berufsunspezifisch. Es weist (nach Anwendung auf die Fallbeispiele) einen hohen Detaillierungsgrad auf und adressiert das Desiderat, dass es bis zur Veröffentlichung der Promotion noch keine ausführliche Darstellung der Kompetenzanforderungen an betriebliches Ausbildungspersonal gab (vgl. ebd., S. 337). Unschärfe im Modell besteht bezogen auf die Beratungskompetenz, da diese ebenfalls der pädagogischen Kompetenz zugeordnet werden könnte (vgl. ebd., S. 351). Weiterhin auffällig ist, dass die Sozialkompetenz und Kommunikative Kompetenz auf den Ebenen der Kompetenzbereiche und -facetten nicht ausgewiesen werden. Beide Kompetenzbereiche integriert Wolff implizit über die Beschreibungen der Kompetenzen, räumt aber ein, dass sich dies bei der Analyse des unternehmensinternen Kompetenzmodells seines Anwendungsfalls und Abgleichs mit dem eigenen Modell als eine „größere Herausforderung" herausstellte (vgl. ebd., S. 233).

Abbildung 3: Grundstruktur eines Kompetenzmodells für hauptberufliches Ausbildungspersonal

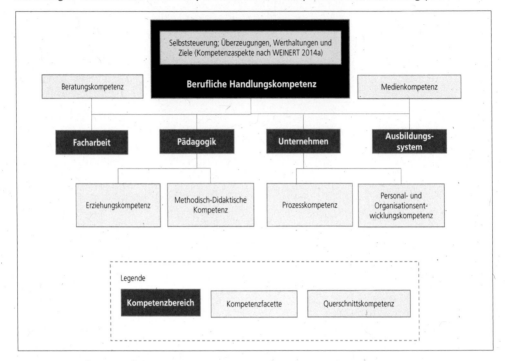

Quelle: nach WOLFF (2023, S. 146)

2.4.2 Systematisierung der Kompetenzen des Ausbildungspersonals nach BONNES/BINKERT/GOLLER (2022)

Ausgehend von der Prämisse, dass es „keine umfassende, empirisch geprüfte Konzeptualisierung der professionellen Handlungskompetenz des Ausbildungspersonals" (BONNES/BINKERT/GOLLER 2022, S. 26) gäbe, identifizieren und clustern die Autorinnen und Autoren auf Basis einer systematischen Literaturrecherche die dort aufgeführten Kompetenzen anhand der vier „klassischen" Kompetenzbereiche Fach-, Personal-, Sozial- und Methodenkompetenz (vgl. Tab. 4).

Die Zuweisung der Kompetenzen zu den Bereichen erfolgte durch die Übernahme der Bezeichnung aus der untersuchten Literatur oder über Bereichsdefinitionen und theoretische Bezüge. In den durch Bonnes/Binkert/Goller (2022) vorgenommenen Bereichsdefinitionen werden Bezugspunkte wie das Berufsbildungsgesetz, die AEVO oder Definitionen der KMK deutlich. Die Fachkompetenz unterteilen die Autorinnen und Autoren in die Subbereiche „Berufliche Fachkompetenz" – Bezugspunkt ist die Bewältigung beruflicher Anforderungen – und „Berufs- und arbeitspädagogische Fachkompetenz" – Bezugspunkte sind fachspezifische und fachübergreifende ausbildungsbezogene Kompetenzen (vgl. ebd., S. 27–28).

Insgesamt handelt es sich bei der Darstellung nicht um ein empirisch geprüftes Kompetenzmodell. Die induktive Vorgehensweise ließe gemäß dem Autorenteam darüber hinaus andere Einteilungen zu. Eine Trennschärfe der Kategorien sei in der Darstellung ebenfalls nicht gegeben (vgl. ebd., S. 28). Der Mehrwert dieser Darstellung liegt im Abbild der im fachwissenschaftlichen Diskurs angeführten, für betriebliches Ausbildungspersonal relevanten Kompetenzbereiche und -dimensionen. Diese weisen eine hohe Übereinstimmung mit den Modellen der beruflichen Handlungskompetenz auf, wie sie in Kapitel 2.3.4 für die KMK und des DQR vorgestellt wurde.

Tabelle 4: Systematisierung der Kompetenzen des Ausbildungspersonals

Fachkompetenz	Sozialkompetenz
▸ Berufliche Fachkompetenz ▸ Berufsspezifisches Fachwissen und Können ▸ Berufliches Erfahrungswissen ▸ Fachliche Souveränität ▸ Betriebsspezifisches Wissen und Können **Berufs- und arbeitspädagogische Fachkompetenz** ▸ Methodisch-didaktische Kompetenz ▸ Diagnostische Kompetenz ▸ Sozialpädagogische Kompetenz ▸ Ausbildungsorganisatorische Kompetenz ▸ Pädagogisch-psychologisches Grundwissen	▸ Kompetenz zur Kooperation und Teamarbeit ▸ Betreuungs- und Begleitungskompetenz ▸ Empathie ▸ Kompetenz zur Motivationsförderung ▸ Kompetenz zur Konfliktbewältigung ▸ Kommunikationskompetenz ▸ Geduld ▸ Toleranz ▸ Interkulturelle Kompetenz ▸ Offenheit und Wertschätzung ▸ Durchsetzungsvermögen
Methodenkompetenz	**Selbstkompetenz**
▸ Führungskompetenz ▸ Individuelle Medienkompetenz ▸ Organisationskompetenz ▸ Problemlösekompetenz	▸ Intrinsische Motivation ▸ Selbstreflexion ▸ Selbstregulation ▸ Flexibilität und Lernkompetenz ▸ Kompetenz zum selbstständigen und verantwortungsbewussten Handeln

Quelle: nach BONNES/BINKERT/GOLLER (2022, S. 28)

2.4.3 Konzept einer Ausbilder-Handlungskompetenz nach MERKEL u. a. (2017)

Angelehnt an RUSCHEL (o. J.) und unter weiterer Berücksichtigung der KMK-Kompetenzdefinitionen schlagen Merkel u. a. (2017) ein Konzept der „Ausbilder-Handlungskompetenz" (ebd., S. 117) vor, das die berufliche Handlungskompetenz des hauptberuflichen Ausbildungspersonals in die Kompetenzbereiche Fachkompetenz, Sozialkompetenz, Selbstkompetenz und Methodenkompetenz ausdifferenziert. Die Mitwirkungs- und Problemlösekompetenz werden als übergreifende Bereiche dargestellt. Hervorzuheben ist insbesondere, dass die pädagogische Kompetenz in diesem Konzept als Teil der Fachkompetenz aufgefasst wird.

Abbildung 4: Konzept der Ausbilder-Handlungskompetenz

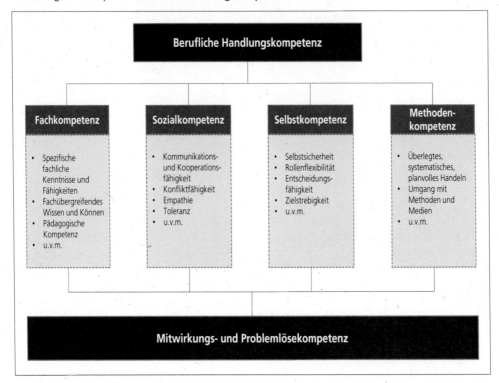

Quelle: nach MERKEL *(2017, S. 117)*

Das Modell zeigt in den ausgewiesenen Kompetenzbereichen zur Darstellung der Handlungskompetenz von Ausbildungspersonal eine unmittelbare Affinität zum KMK-Ansatz für die Modellierung der beruflichen Handlungskompetenz von Fachkräften. Mit Ausnahme der pädagogischen Kompetenz werden wenig spezifische Kompetenzen für das Handeln als ausbildende Person ausgewiesen. Unter Verwendung dieses Modells werden die Handlungskontexte, die Rolle und die Aufgaben des Ausbildungspersonals anhand zweier Fallbeispiele differenziert dargestellt. Darüber hinaus wird ein Bezug zu einzelnen Kompetenzbereichen und Kompetenzen hergestellt, um das Berufsbild des hauptberuflichen Ausbildungspersonals zu charakterisieren. Die Fälle beziehen sich auf zwei Unternehmen aus dem Raum Mecklenburg-Vorpommern und auf kaufmännische sowie gewerblich-technische Ausbilder/-innen. Der Fokus ist damit eng gefasst und eine Übertragbarkeit der Ergebnisse auf ausbildende Personen anderer Berufe kritisch zu betrachten (vgl. MERKEL u. a. 2017, S. 135). Einen Mehrwert bietet das Modell durch seine hohe Anknüpfbarkeit der Kompetenzbereiche an das in der Berufsbildung etablierte, als Konsens geltende Verständnis beruflicher Handlungskompetenz.

2.4.4 Kategoriales Kompetenzmodell nach SLOANE (2009)

Eine ältere Darstellung der beruflichen Handlungskompetenz des Ausbildungspersonals findet sich bei SLOANE (2009). Vor dem Hintergrund postmoderner Entwicklungen, die mit Veränderungen im Verhältnis von Arbeit und Lernen einhergehen, würden – so die Grundannahme von Sloane – zukünftig andere bzw. neue Anforderungen, z.B. die Übernahme pädagogisch-didaktischer Aufgaben, an die Tätigkeit des Ausbilders bzw. der Ausbilderin gestellt. Unter der Setzung, dass „Ausbilderkompetenz" eine berufliche Handlungskompetenz ist, differenziert der Autor diese weiter in die Kompetenzbereiche „Pädagogisch-didaktische Fachkompetenz" (Domäne), „Humankompetenz" (Person) und „Sozialkompetenz" (Gruppe). Diesen Kategorien übergreifend zugeordnet sind die Methoden- und Lernkompetenz, Sprach- und Textkompetenz sowie die ethische Kompetenz.

Tabelle 5: Kategoriales Kompetenzmodell für Ausbilder/-innen

	Domäne (Fach)	Person	Gruppe
Methodenkompetenz *(fachliche, soziale und persönliche Probleme erkennen und lösen)*	Zum Beispiel: ▸ Erkennen und Lösen pädagogisch-didaktischer Probleme ▸ Anwenden und ggf. Revision wissenschaftlicher Methoden ▸ Erkundung von Fachpraxis	Zum Beispiel: ▸ Thematisierung der eigenen Fähigkeiten ▸ Lernfähigkeit ▸ Selbstreflexion ▸ Karriereplanung	Zum Beispiel: ▸ Arbeit in Gruppen ▸ Steuerung und Moderation von Gruppen ▸ Anwendung und ggf. Revision von Kommunikationsmethoden
Sprach und Textkompetenz *(sich sprachlich und textlich ausdrücken)*	Zum Beispiel: ▸ Pädagogisches und fachdidaktisches Wissen ▸ Konzeptionelles Schreiben	Zum Beispiel: ▸ Thematisierung und Verschriftlichung eigener Fähigkeiten ▸ Planung von Karrierewegen	Zum Beispiel: ▸ Reden über Gruppenprozesse ▸ Verschriftlichung von Gruppenprozessen
Ethische Kompetenz *(normative Haltungen und Einstellungen)*	Zum Beispiel: ▸ Ethische Grundlagen pädagogischen und fachdidaktischen Handelns	Zum Beispiel: ▸ Eigenverantwortung ▸ Risikobereitschaft ▸ Selbstständigkeit	Zum Beispiel: ▸ Kooperationsbereitschaft ▸ Solidarität ▸ Toleranz

Quelle: nach SLOANE (2009)

Mithilfe einer so entstehenden Matrix sollen die Beziehungen zwischen den Kategorien deutlich werden und sich normative Vorgaben ableiten lassen, um Gestaltungshinweise für Qualifizierungsmaßnahmen für Lehrpersonen abzubilden . Dabei ist es der Argumentation von SLOANE (2009) folgend nicht das Ziel, alle Felder detailliert auszufüllen, sondern die Beziehungen der Felder zu fokussieren. Die Darstellung stellt entsprechend eine Blaupause dar, die je nach Anwendungsfall neu und individuell ausgefüllt werden kann. Damit sei das

Modell hochgradig flexibel und lasse viele Einsatzszenarien zu. Auffällig ist die fehlende Extraausweisung der domänenspezifischen Fachkompetenz. Diese lässt sich in diesem Modell am ehesten der Spalte Domäne (Fach) und der Zeile Methodenkompetenz zuordnen.

2.4.5   Modell der medienpädagogischen Kompetenz nach GENSICKE u. a. (2020)

In einer umfangreichen Studie untersuchten GENSICKE u. a. (2020) die Veränderungen der Mediennutzung in der beruflichen Aus- und Weiterbildung sowie konzeptionelle und strategische Ansätze zur Gestaltung der digitalen Veränderungen in den Betrieben. Dabei wurden auch die Aus- und Weiterbildungsaktivitäten berücksichtigt. Die Studie basiert auf einer Befragung von 2.019 Unternehmen aus allen Branchen (mit Ausnahme der Land- und Forstwirtschaft) zur Verwendung digitaler Geräte und Medienformate in Arbeitsprozessen, Ausbildung und Weiterbildung sowie zur Einschätzung zukünftiger Trends. Zusätzlich wurden strukturierte Experteninterviews mit 30 Unternehmen durchgeführt, in denen Themen wie technologische Infrastrukturen, konzeptionelle Umsetzung, Organisationsentwicklung sowie Qualifizierungsanforderungen und wirtschaftliche Erwägungen behandelt wurden (vgl. ebd., S. 21–22; 31–32; 34). Bezogen auf die medienpädagogische Kompetenz des Ausbildungspersonals bündeln die Autorinnen und Autoren mithilfe einer Faktorenanalyse die Angaben der Betriebe zum Weiterbildungsbedarf dieser Personengruppe zu vier Kompetenzfeldern.

Tabelle 6: Modell der medienpädagogischen Kompetenz

Bedienkompetenz	Compliance-Kompetenz
1. Suchen und Filtern von Informationen im Internet oder in Datenbanken 2. Auswerten und Bewerten von digitalen Inhalten 3. Kommunikation und Zusammenarbeit über digitale Medien 4. Digitale Umgangsregeln kennen und einhalten 5. Erstellung und Weiterverarbeiten von digitalen Inhalten	1. Berücksichtigung rechtlicher Vorgaben 2. Datensicherheit und Datenschutz bei der Verarbeitung von Daten
Lösungskompetenz	**Didaktische Kompetenz**
1. Lösung technischer Probleme im Umgang mit digitalen Medien 2. Lösung von Problemen unter Einsatz digitaler Medien	1. Einsatz von digitalen Medien in der Ausbildung 2. Lernstandsüberprüfung mit Hilfe digitaler Medien 3. Gestaltung von mobilen Lernmöglichkeiten

Quelle: nach GENSICKE u. a. (2020, S. 142)

Auf Basis dieser Einteilung bilden die Autorinnen und Autoren den Weiterbildungsbedarf, bezogen auf die medienpädagogische Kompetenz des Ausbildungspersonals, ab. Er wird in den Bereichen Compliance-Kompetenz und didaktische Kompetenz am höchsten eingestuft.

In dem von GENSICKE u. a. (2020) entwickelten Modell spiegelt sich in erster Linie die Perspektive der befragen Betriebsvertreterinnen und -vertreter wider. Dementsprechend weist es eine Nähe zu betriebswirtschaftlichen Sichtweisen auf.

2.4.6   Modell der medienpädagogischen Kompetenz nach HÄRTEL u. a. (2018)

Mit Bezug „auf ein allgemeines theoriebezogenes Konstrukt zur Beschreibung von Medienkompetenz" (HÄRTEL u. a. 2018, S. 15), das u. a. auf BAACKE (1999), BLÖMEKE (2005) und TULODZIECKI/GRAFE (2010) basiert, entwickelten HÄRTEL u. a. (2018) im Projekt „Digitale Medien in der Berufsbildung – Medienaneignung und Mediennutzung in der Alltagspraxis von betrieblichem Ausbildungspersonal" (DiMBA) ein theoriegeleitetes Kompetenzstrukturmodell der medienpädagogischen Kompetenz für betriebliches Ausbildungspersonal, das über Experteninterviews und Onlinebefragungen validiert wurde. Im Ergebnis entstand ein Modell, „das eine differenzierte und berufsfeldübergreifende Betrachtung der medienpädagogischen Kompetenz von betrieblichem Ausbildungspersonal zulässt" (HÄRTEL u. a. 2018, S. 21).

Unter medienpädagogischer Kompetenz verstehen HÄRTEL u. a. (2018) die „Fähigkeit und Bereitschaft[,]

▸ zur begründeten, reflektierten Auswahl, Verwendung und Weiterentwicklung von digitalen Medien zur Steigerung der Qualität und Effektivität von beruflichen Lehr-Lern-Prozessen unter Berücksichtigung der Lebenswelt der Auszubildenden" (S. 22; Mediendidaktische Kompetenz),

▸ „die gesellschaftliche und individuelle Bedeutung von Medien und Digitalisierung vor dem Hintergrund berufspädagogischer und betrieblicher Leitideen in beruflichen Lehr-Lern-Prozessen kritisch-reflektiert zu behandeln, um einen Beitrag zur Medienerziehung der Auszubildenden zu leisten" (S. 23; medienerzieherische Kompetenz) und

▸ „zur Berücksichtigung sowie innovativen Gestaltung der betrieblichen Organisationsprozesse und Rahmenbedingungen für die Einbindung digitaler Medien in berufliche Lehr-Lern-Prozesse" (S. 23; medienintegrative Kompetenz).

Abbildung 5: Modell der medienpädagogischen Kompetenz

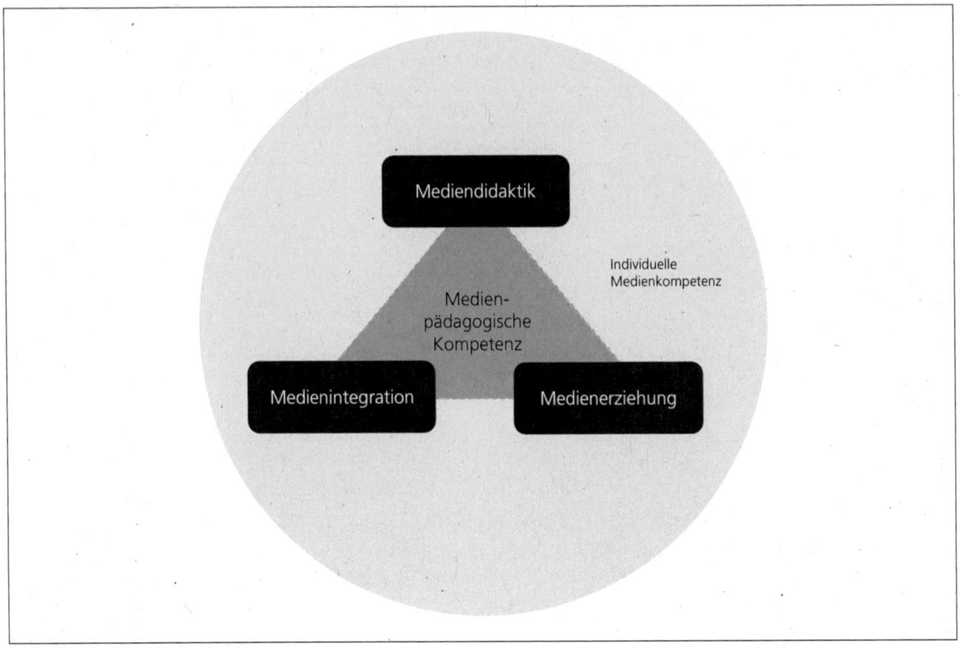

Quelle: nach HÄRTEL u. a. (2018, S. 22)

Die Kompetenzbereiche stehen in Wechselwirkung miteinander und sind nach HÄRTEL u. a. (2018, S. 22f.) wie folgt definiert:

1. Mediendidaktik: die Fähigkeit und Bereitschaft, Medien didaktisch begründet zur Anregung und Unterstützung von Lehr-/Lernprozessen zu nutzen sowie Medienangebote unter Berücksichtigung der Lebenswelt von Auszubildenden zu entwickeln.
2. Medienintegration: die Fähigkeit und Bereitschaft, medienpädagogische Konzepte zu entwickeln und in Organisationsprozesse einzubinden, z. B. über die Mitwirkung bei der Einführung eines Lernmanagementsystems.
3. Medienerziehung: die Fähigkeit und Bereitschaft, Auszubildende hinsichtlich einer kritischen und reflektierten Nutzung digitaler Medien zu sensibilisieren und zu fördern.

Den Rahmen für diese Bereiche bildet, angelehnt an BAACKE (1999), die individuelle Medienkompetenz, die für HÄRTEL u. a. (2018) die notwendige, aber nicht hinreichende Voraussetzung für die Entwicklung der medienpädagogischen Kompetenz darstellt.

Ausgehend von der Argumentation, dass das Ausbildungspersonal unterschiedlich ausgeprägte Kompetenzen in den drei Kompetenzbereichen aufweist, erweitern die Autorinnen und Autoren ihr Modell um einen kreisförmigen Prozess der medienpädagogischen Kompetenzaneignung.

Abbildung 6: Prozess medienpädagogischer Kompetenzaneignung

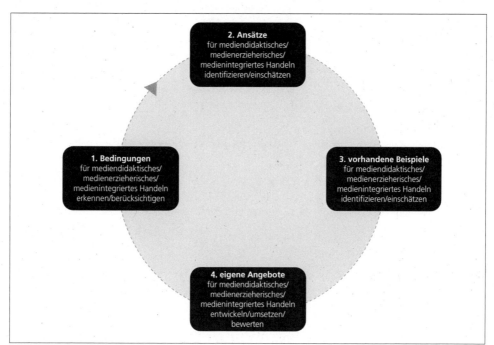

Quelle: nach HÄRTEL u. a. (2018, S. 23)

Kritisch anmerken lässt sich, dass dieser Prozess der medienpädagogischen Kompetenzaneignung den fünften, für das vollständige Handeln relevanten Aspekt, nämlich das Reflektieren des medienpädagogischen Handelns, vernachlässigt.

2.4.7 Zusammenfassung

Tabelle 7 fasst die sechs identifizierten und analysierten Kompetenzmodelle für betriebliches Ausbildungspersonal merkmalsbasiert zusammen.

Der Überblick zeigt, unter Berücksichtigung der in den letzten Kapiteln skizzierten Kompetenzdarstellungen, dass die Kompetenzmodelle in ihrer Zielsetzung differieren und unterschiedlich validiert sind. Gemeinsam ist den Modellen von MERKEL u. a. (2017), SLOANE (2009) und BONNES/BINKERT/GOLLER (2022) die Ausrichtung an dem bestehenden Berufsbildungsdiskurs zur beruflichen Handlungskompetenz von Fachkräften sowie der Unterteilung in die Kompetenzbereiche der Fachkompetenz, der Sozialkompetenz, der Human- bzw. Selbstkompetenz sowie der Methodenkompetenz. Die Bezeichnungen der Kompetenzbereiche unterscheiden sich dabei: SLOANE (2009) schreibt von Humankompetenz statt Personalkompetenz und explizit von einer pädagogisch-didaktischen Fachkompetenz. Bonnes/Binkert/Goller (2022) sprechen von Selbstkompetenz statt Personalkompetenz sowie von der berufs- und arbeitspädagogischen Kompetenz und stellen damit einen stärkeren Bezug zur Arbeitsorientierung her. Merkel u. a. (2017) fassen die pädagogische

Kompetenz als Teil der Fachkompetenz auf. Es wird deutlich, dass die einzelnen Kompetenzbereiche – wie es für den Diskurs um Kompetenzen und Kompetenzorientierung von jeher charakteristisch ist – nicht trennscharf, nicht in gleicher Art und Weise voneinander abgegrenzt, unterschiedlich operationalisiert und nicht einheitlich definiert sind.

Tabelle 7: Übersicht: Kompetenzmodelle für betriebliches Ausbildungspersonal

Kompetenzmodell	Zielsetzung	Typ	Methodik
Kompetenzmodell für hauptberufliches Ausbildungspersonal nach WOLFF (2023)	Normativ und deskriptiv	Kompetenzstrukturmodell	Theoretische Herleitung und empirische Validierung
Induktive Systematisierung der Kompetenzen des Ausbildungspersonals nach BONNE/BINKERT/GOLLER (2022)	Normativ	Kompetenzstrukturmodell	Induktive Herleitung
Konzept der Ausbilder-Handlungskompetenz nach MERKEL u. a. (2017)	Normativ	Kompetenzstrukturmodell	Theoretische Herleitung
Kategoriales Modell nach SLOANE (2009)	Gestaltungshinweise für Qualifizierungsmaßnahmen, normativ	Kategoriales Perspektivenmodell; Kompetenzstrukturmodell	Theoretische Herleitung
Modell der medienpädagogischen Kompetenz nach GENSICKE u. a. (2020)	Normativ und deskriptiv	Kompetenzstrukturmodell	Faktorenanalyse
Modell der medienpädagogischen Kompetenz nach HÄRTEL u. a. (2018)	Normativ	Kompetenzstruktur- und Kompetenzentwicklungsmodell	Theoretische Herleitung und empirische Validierung

Quelle: eigene Darstellung

In Bezug auf die Medienkompetenz bzw. die medienpädagogische Kompetenz des Ausbildungspersonals wird deutlich, dass diese Kompetenzbereiche bisher weitestgehend isoliert betrachtet bzw. als Querschnitts- oder integrative Elemente beruflicher Handlungskompetenz von betrieblichem Ausbildungspersonal aufgegriffen werden. Aus den Beispielen, die sich eingehender mit dem Thema beschäftigt haben, wird allerdings auch deutlich, dass die Medienkompetenz als eigenständiger Kompetenzbereich der beruflichen Handlungskompetenz des betrieblichen Ausbildungspersonals aufgefasst werden kann, wenn nicht sogar muss. Das Modell der medienpädagogischen Kompetenz nach HÄRTEL u. a. (2018) geht dabei noch über den Ansatz von GENSICKE u. a. (2020) hinaus, da es die Kompetenzentwicklung stärker fokussiert.

Insgesamt weisen die identifizierten Modelle ein Desiderat hinsichtlich des Typs und damit in der Zielsetzung auf: Entweder handelt es sich bei den Modellen um Kompetenzstrukturmodelle (mit Ausnahme des Modells der medienpädagogischen Kompetenz nach HÄRTEL u. a. 2018), die in erster Linie darauf ausgelegt sind, die Beziehungen zwischen Kompetenzbereichen abzubilden sowie die Kompetenzbereiche selbst darzustellen. Andere Modelle stellen eine Clusterung von Kompetenzdimensionen und -merkmalen zu einzelnen Kompetenzbereichen dar. Aussagen zu Entwicklungs- oder Niveaustufen, um beispielsweise für individuell zugeschnittene Bildungsangebote unterschiedlich differenzierte Lernziele zu entwickeln, finden sich in den Modellen zur beruflichen Handlungskompetenz derzeit nicht.

Das in Kapitel 6 vorgestellte Kompetenzmodell nimmt für sich in Anspruch, diese Lücken zu füllen. Hierzu wird auf Grundlage der bisherigen Ausführungen in Kapitel 3 ein Kompetenzmodellentwurf hergeleitet, der im darauf aufbauenden Schritt mithilfe von Experteninterviews (Kapitel 4–5) validiert und zum finalen Modell ausdifferenziert wird.

▶ 3 Entwurf eines Kompetenzmodells für betriebliches Ausbildungspersonal

Die im letzten Kapitel dargestellten Konzepte und Modelle werden genutzt, um daraus die aus theoretischer Sicht relevanten Kompetenzbereiche und -dimensionen der beruflichen Handlungskompetenz des betrieblichen Ausbildungspersonals abzuleiten und in eine vorläufige Modellstruktur zu integrieren. Bezüglich dieser Struktur weisen die in Kapitel 2.3 und 2.4 dargestellten Kompetenzmodelle die Gemeinsamkeit auf, dass sie sich aus mindestens zwei Ebenen zusammensetzen. Benannt werden zunächst die Kompetenzbereiche, die in einem anschließenden Schritt auf einer darunter liegenden Ebene in ihre Dimensionen ausdifferenziert werden (vgl. z. B. MERKEL u. a. 2017; WOLFF 2023; KMK 2021; BONNES/ BINKERT/GOLLER 2022). Wird diese Gemeinsamkeit als Ausgangspunkt für die Entwicklung des angestrebten Kompetenzmodells gewählt, dann ergibt sich eine Wasserfallstruktur aus folgenden vier Ebenen, die um beliebig viele Elemente erweitert werden können.

Abbildung 7: Allgemeine Struktur eines Kompetenzmodells

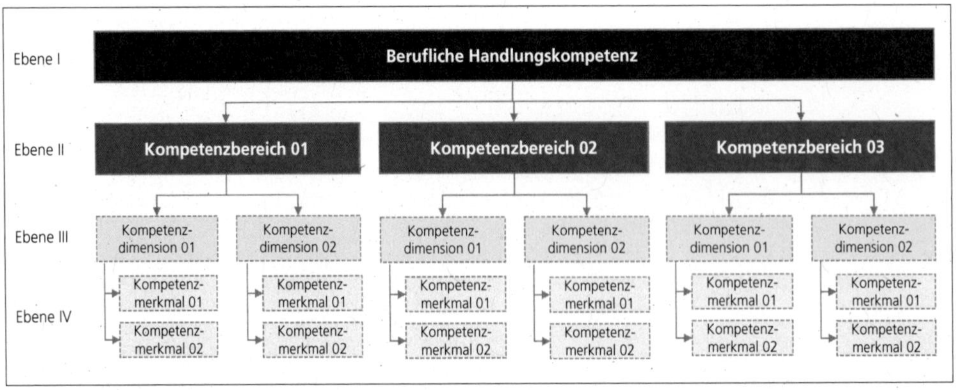

Quelle: eigene Darstellung

Die oberste Ebene repräsentiert die übergeordnete Kompetenz, im vorliegenden Fall also die berufliche Handlungskompetenz von betrieblichem Ausbildungspersonal. Die zweite Ebene operationalisiert diese übergeordnete Zieldimension, indem sie – entsprechend einem Strukturmodell – auf diese bezogen verschiedene „Kompetenzbereiche" ausweist. Um eine gute Handhabbarkeit des Modells zu gewährleisten, war es eine Setzung, die Zahl der Kompetenzbereiche wie bei den gängigen Modellen in der Berufsbildung nicht größer als vier werden zu lassen. Da die Cluster damit zwangsläufig einen relativ großen Kompetenzbereich abdecken, sind auf einer dritten Modellebene „Kompetenzdimensionen" zur weiteren Ausdifferenzierung eingeführt worden. Diese Dimensionen verdeutlichen den Kompetenzbereich und lassen sich – da die Kompetenzbereiche lediglich eine Kurzbezeichnung in Form von „Überschriften" besitzen – sehr gut über „Kompetenzmerkmale" weiter illustrieren, konkretisieren und spezifizieren.

Um das auf diese Weise allgemein strukturierte Kompetenzmodell (vgl. Abb. 7) weiter konkret auszugestalten, stellt sich zunächst die grundlegende Frage, welche Kompetenzbereiche und welche Dimensionen sich aus dem Fachdiskurs für die Handlungskompetenz des betrieblichen Ausbildungspersonals bereits ergeben bzw. ableiten lassen.

Den in Kapitel 2.4 als relevant identifizierten und entsprechend analysierten Kompetenzmodellen von BONNES/BINKERT/GOLLER (2022), MERKEL u. a. (2017) und SLOANE (2009) ist gemeinsam, dass sie die Fachkompetenz, Methodenkompetenz, Selbstkompetenz und Sozialkompetenz als Bereiche der beruflichen Handlungskompetenz von Ausbildern und Ausbilderinnen abbilden. Damit weisen sie die etablierten Kompetenzbereiche gemäß KMK und DQR für Fachkräfte auch für das Ausbildungspersonal aus. Zudem ergibt sich eine unmittelbare Anschlussfähigkeit an das von HOWE/KNUTZEN (2021b) vorgestellte Kompetenzmodell, das die Ansätze der KMK und des DQR zusammenführt und für den Kontext der Berufsbildung allgemein zugänglich macht (vgl. Kapitel 2.3.4). Aufgrund dieser Anschlussfähigkeit an den Berufsbildungsdiskurs werden die Kompetenzbereiche „Fachkompetenz", „Methodenkompetenz" sowie „Sozial- und Personalkompetenz" als Ausgangspunkt der Modellierung gewählt.

Bezogen auf die Fachkompetenz kommt bei betrieblichem Ausbildungspersonal eine Besonderheit zum Tragen. So erweist sich gemäß der Expertise von BONNES/BINKERT/GOLLER (2022), MERKEL u. a. (2017) und SLOANE (2009) die Teilung der Fachkompetenz sowohl in einen domänenspezifischen als auch in einen ausbildungsspezifischen Teilbereich als tragfähig. Dies wird in der vorläufigen Modellierung in der Form von Dimensionen berücksichtigt und aufgenommen.

Die Beschreibungen zur didaktisch-methodischen Kompetenz des Ausbildungspersonals bei WOLFF (2023) und BONNES/BINKERT/GOLLER (2022) sowie die Beschreibungen der Kompetenzmerkmale bei SLOANE (2009) deuten eine mögliche Differenzierung in einen domänen- und einen ausbildungsspezifischen Teilbereich der Methodenkompetenz an. MERKEL u. a. (2017) führen diese Kompetenz nicht eindeutig auf, verstehen jedoch die pädagogische Kompetenz als Teil der Fachkompetenz. Das zeigt, dass ein uneindeutiges Verständnis der Kompetenzbereiche und ihrer Dimensionen im Diskurs vorherrscht und die Untergliederung der Methodenkompetenz in ausbildungsspezifische und domänenspezifische Dimensionen einer Bestätigung über weitere Forschungsdaten bedarf. Davon unberührt, werden für einen ersten Entwurf des Kompetenzmodells die Domänenspezifik und die Ausbildungsspezifik vorläufig in den Modellentwurf integriert.

Die Frage, wie die steigende Relevanz der medienpädagogischen Kompetenz im Modell aufgegriffen werden kann, lässt sich unterschiedlich beantworten. Diese kann, z. B. angelehnt an die Medienkompetenz im Modell von WOLFF (2023), als Querschnittskompetenz aufgefasst werden. Dies würde aber hinsichtlich des pädagogisch-didaktischen Handelns des Ausbildungspersonals zu kurz greifen. Daher wird das Modell von HÄRTEL u. a. (2018) herangezogen. Es umfasst als Kompetenzbereich einerseits die individuelle Medienkompetenz (nachfolgend als Medienkompetenz aufgeführt) als Basis für medienpädagogisches Handeln. Andererseits differenziert das Modell die medienpädagogische Kompetenz bezüglich des didaktischen Einsatzes digitaler Lehr- und Lernmedien in der Ausbildung aus. Als Dimensionen werden folgerichtig die Mediendidaktik, die Medienintegration und die Medienerziehung aus dem Modell von HÄRTEL u. a. (2018) übernommen.

Den weiteren drei Kompetenzbereichen liegt die Definition zur beruflichen Handlungskompetenz für Fachkräfte nach HOWE/KNUTZEN (2021b) zugrunde. Diesbezüglich muss zunächst die Antwort auf die Frage offenbleiben, inwieweit es bei der Sozial- und Personalkompetenz ebenfalls einer Differenzierung in ausbildungsspezifische und domänenspezifische Teilbereiche bedarf. Die Beantwortung der Frage erfolgt über die Validierung und Ausdifferenzierung dieser bisherigen Struktur mithilfe von Experteninterviews (vgl. Kapitel 4 und 5). In einer vorläufigen Festlegung werden, angelehnt an die Definitionen der Sozial- und Personalkompetenz nach HOWE/KNUTZEN (2021b), als Dimensionen „Soziale Beziehungen" sowie „Eigene Persönlichkeit und Lebenssituation" ausgewiesen.

Im Falle der domänenspezifischen Fachkompetenz und der Methodenkompetenz kommen, ebenfalls angelehnt an das Kompetenzverständnis von HOWE/KNUTZEN (2021b), die „Fachsystematik" und die „Arbeitsprozesse" sowie die angewendeten „Arbeitstechniken, methoden und -mittel" als Dimensionen zum Tragen.

Die in den Kompetenzmodellen von WOLFF (2023) und BONNES/BINKERT/GOLLER (2022) aufgeführten Dimensionen der ausbildungsspezifischen Fachkompetenz sowie Methodenkompetenz lassen sich in die Dimensionen „berufs- und ausbildungsspezifische Didaktik bzw. Methodik" sowie „sozialpädagogisch-psychologische Methodik" differenzieren.

Bilden die bisherigen Ausführungen den Ausgangspunkt der Modellierung, dann stellt sich die theoretisch hergeleitete Modellstruktur, wie in Abbildung 8 schematisch aufbereitet, dar.

Abbildung 8: Entwurf eines Kompetenzmodells für betriebliches Ausbildungspersonal

Quelle: eigene Darstellung

Um den Kompetenzentwurf weiter auszudifferenzieren und die offenen Aspekte, wie die Frage nach einer domänenspezifischen und ausbildungsspezifischen Unterteilung der Sozial- und Personalkompetenz oder der Medienkompetenz/Medienpädagogischen Kompetenz, zu beantworten, wurde dieser entsprechend dem deduktiven Vorgehen über Experteninterviews validiert und weiter ausdifferenziert.

▶ 4 Experteninterviews: Methodisches Vorgehen

Die Frage, welche ausbildungsspezifischen Kompetenzanforderungen sich aktuell an das betriebliche Ausbildungspersonal stellen, wurde mit semistrukturierten Experteninterviews untersucht. Ziel war es, den in Kapitel 3 theoriegeleitet entwickelten Modellentwurf der beruflichen Handlungskompetenz des betrieblichen Ausbildungspersonals zu validieren. Im Fokus stand die Erschließung von praktischem und strukturellem Wissen, welches gemäß DÖRING/BORTZ (2016) methodisch mit Experteninterviews erfasst werden kann. In der vorliegenden Erhebung waren das ausbildungsbezogene Handeln und das Wissen betrieblicher Ausbilder/-innen sowie ihre alltäglichen Erfahrungen Teil des Erkenntnisinteresses.

Angelehnt an GLÄSER/LAUDEL (2010) wurden für die Befragung unter dem Begriff Experte bzw. Expertin Personen gefasst, die über ein „Spezialwissen" (S. 12) zum Forschungsgegenstand verfügen. Im Sinne des Vorhabens waren dies Personen, die Auskunft zum ausbildungsbezogenen Handeln und zur beruflichen Handlungskompetenz des betrieblichen Ausbildungspersonals geben konnten. Hierzu zählten hauptberuflich und nebenberuflich tätige Ausbilder/-innen mit AEVO-Nachweis sowie Ausbildungsleitungen und -referenten/-referentinnen. Weiterhin wurden hierunter Meister/-innen, ausbildende Fachkräfte und in die Ausbildung involvierte Geschäftsführer/-innen bzw. Personalverantwortliche verstanden.

4.1 Planung und Vorbereitung

Der Vorbereitung der Experteninterviews wurde die Prämisse zugrunde gelegt, dass der aktuelle Weiterbildungsbedarf und die Kompetenzanforderungen an das betriebliche Ausbildungspersonal in deren Beschreibungen der Wandlungsprozesse ihrer Arbeit sowie ihrer alltäglichen Handlungssituationen und Herausforderungen deutlich werden. Von dieser Vorbedingung ausgehend, wurde ein semistrukturierter Leitfaden entwickelt (vgl. Anhang 1). Die Grundlage dieses Leitfadens bildete eine im Vorfeld durchgeführte systematische Literaturanalyse zum Ausbildungsalltag, zu Kompetenzanforderungen und zur Weiterbildung von betrieblichen Ausbilderinnen und Ausbildern (vgl. SCHALL 2023). Mit diesem Vorgehen konnte eine hohe Anschlussfähigkeit des Leitfadens an den fachwissenschaftlichen Diskurs zur Situation und zur Handlungskompetenz des betrieblichen Ausbildungspersonals hergestellt werden. Der Leitfaden untergliedert sich in die folgenden Themenblöcke:

▶ **Ausbildungspraxis**: Im ersten Themenblock ging es um die Frage, welche Anforderungen die betrieblichen Ausbilder/-innen zur Bewältigung des Ausbildungsalltags erfüllen sollten. Neben den täglichen Aufgaben und Tätigkeiten bezog sich dieser Themenbereich auf alltagstypische Herausforderungen sowie das benötigte Wissen und Können für deren Bewältigung.

▶ **Wandel der Ausbildung**: Fragen nach den Veränderungen der Ausbildung, insbesondere mit Blick auf den Einsatz digitaler Technologien und Medien sowie den damit einhergehenden Kompetenzanforderungen, standen im zweiten Themenblock im Fokus.

▶ **Professionalisierung**: Welche ausbildungsspezifischen Kompetenzanforderungen sich an das betriebliche Ausbildungspersonal stellen, war das Erkenntnisinteresse des dritten Themenblocks.

Den Rahmen für die Gesprächsführung boten zwei einleitende und eine abschließende Frage (siehe Leitfaden Anhang 1).

Die Akquise der Interviewteilnehmer/-innen fand über bestehende Netzwerke des Projektkonsortiums statt. Parallel wurden Kammervertreter/-innen (IHK/HWK) und Betriebe bzw. Bildungsinstitutionen angefragt („Kaltakquise"). Entsprechend dem im Vorhaben angelegten Ziel, ein domänenunspezifisches Bildungsangebot zu entwickeln, wurden Vertreter/-innen möglichst verschiedener Berufsbereiche kontaktiert, um Informationen über Gemeinsamkeiten und Unterschiede zu identifizieren.

4.2   Datenerhebung

Der Erhebungszeitraum umfasste die Monate November 2022 bis Januar 2023. Die Befragung der anvisierten Expertinnen und Experten erfolgte mithilfe des beschriebenen Leitfadens. Die Gespräche fanden entweder in den Betrieben bzw. Bildungsinstitutionen der befragten Personen oder online über die Video-Kommunikationssoftware Zoom statt. Die Dauer der Interviews variierte zwischen 30 und 90 Minuten. Die Gespräche wurden nach der schriftlichen Einwilligung der Interviewteilnehmer/-innen für die Auswertung elektronisch aufgezeichnet und, angelehnt an GLÄSER/LAUDEL (2010), für die Auswertung transkribiert (vgl. Anhang 2).

4.3   Sample

Es wurden 14 Einzelinterviews und zwei Paarinterviews ($N = 16$) durchgeführt. Zu den Interviewteilnehmenden zählen Vertreterinnen und Vertreter von acht kleinen und mittleren Unternehmen sowie von sechs Großunternehmen[8]. Befragt wurden zwölf Angehörige von Handwerks- oder Industriebetrieben, eine Person aus der Pharmazie sowie fünf Angehörige von Bildungsinstitutionen wie von branchenbezogenen Akademien oder Kompetenzzentren. Die Stichprobe weist eine hohe Heterogenität hinsichtlich der Funktion des Ausbildungspersonals im Rahmen der Ausbildung auf.

---

8   Definition gemäß Empfehlung der Kommission vom 6. Mai 2003 betreffend die Definition der Kleinstunternehmen sowie der kleinen und mittleren Unternehmen (bekannt gegeben unter Aktenzeichen K(2003) 1422).

Tabelle 8: Funktionen des befragten Ausbildungspersonals

Funktion der befragten Ausbilder/-innen	Anzahl
Ausbildende Fachkraft	2
Ausbildungsreferent/-in	1
Geschäftsführer/-in; HR-Management; Personaler/-in	3
Hauptberufliche/-r Ausbilder/-in betriebliche Lehrwerkstatt	1
Hauptberufliche/-r Ausbilder/-in Bildungsinstitution (z. B. ÜBA)	5
Hauptberufliche/-r Ausbilder/-in; Meister/-in	2
Nebenberufliche/-r Ausbilder/-in	2
Nebenberufliche/-r Ausbildungsleiter/-in	2

Quelle: eigene Darstellung

Die befragten Ausbilder/-innen lassen sich nach der Berufsklassifikation KldB2010, überarbeitete Fassung 2020[9] der Bundesagentur für Arbeit auf die folgenden Domänen und den damit einhergehenden Ausbildungsberufen zuordnen:

Tabelle 9: Domänen des befragten Ausbildungspersonals nach Berufsbereichen

Berufsbereich	Ausbildungsberuf	Interview
Bau, Architektur, Vermessung und Gebäudetechnik	Dachdecker/-in, Zimmerer/-in	B7
	Mechatroniker/-in für Klima und Kältetechnik	B12
	Technische/-r Systemplaner/-in, Anlagenmechaniker/-in, Elektroniker/-in, Mechatroniker/-in	B11
Gesundheit, Soziales und Erziehung	Pharmazeutisch-kaufmännische/-r Assistent/-in	B15
Kaufmännische Dienstleistungen, Warenhandel, Vertrieb, Hotel und Tourismus	Bäckereifachverkäufer/-in	B6
Naturwissenschaft, Geografie, Informatik	Chemielaborant/-in	B4
Rohstoffgewinnung, Produktion, Fertigung	Industriemechaniker/-in, Mechatroniker/-in, Schlosser/-in	B8, B10
	KFZ-Mechatroniker/-in	B5, B9
	Bäcker/-in	14
	Bauzeichner/-in, Kaufmännische Angestellte	B1
Unternehmensorganisation, Buch-haltung, Recht und Verwaltung	Kauffrau/Kaufmann für Büromanagement	B16
Verkehr, Logistik, Schutz und Sicherheit	Berufskraftfahrer/-in	B2
	Speditionskaufmann/-frau	B3, B13
	Fachkraft für Lagerlogistik	B3, B13

Quelle: eigene Darstellung

---

9   Bei der KldB 2010 handelt es sich um eine von der Arbeitsagentur veröffentlichten, systematische Zusam-menstellung der Einzelberufe in Deutschland, um deren Vielfalt abbilden zu können. Die Datenbank wurde 2020 letztmalig überarbeitet. Auf internationaler Ebene gilt die *International Standard Classification of Occupations* (ISCO); BUNDESAGENTUR FÜR ARBEIT 2023.

Damit deckt die Stichprobe sieben der zehn vorhandenen Berufsbereiche ab, wodurch eine Streuung über verschiedene Domänen erreicht wurde. Dabei reicht die Erfahrung der Teilnehmenden von zwei Personen, die gerade ihre Ausbildungstätigkeit begonnen haben, bis zu einer Person, die kurz vor Rentenbeginn stand und über eine langjährige Erfahrung als ausbildende Person verfügt.

4.4 Datenauswertung

Die Datenauswertung erfolgte, angelehnt an KUCKARTZ/RÄDIKER (2022), nach der inhaltlich strukturierenden qualitativen Inhaltsanalyse mit der Daten- und Textanalysesoftware MAXQDA. Die Autoren fassen den Ablauf dieser Analyseform in sieben Phasen zusammen, die stets mit Rückbezug auf die Forschungsfrage durchlaufen werden:

1. Initiierende Textarbeit (Memos, Markierungen, Fallzusammenfassungen)
2. Entwicklung von Hauptkategorien (1. Codesystem)
3. Erste Codierung der Daten mit den Hauptkategorien
4. Bildung induktiver Subkategorien (2. Codesystem)
5. Zweite Codierung des Datenmaterials mit den Subkategorien
6. Anwendung von Analysen auf das Datenmaterial
7. Dokumentation des Vorgehens und Verschriftlichung der Ergebnisse

Das Kernelement der inhaltlich strukturierenden qualitativen Inhaltsanalyse stellt das Codesystem dar. Dieses kann sowohl vollständig induktiv, vollständig deduktiv oder in einer Mischform aus beiden genannten Formen der Kategorienbildung erstellt werden (vgl. KUCKARTZ/RÄDIKER 2022). Das Kategoriensystem der vorliegenden Auswertung entstand aus der Mischform. Nach der initiierenden Textarbeit (Phase 1) erfolgte die Anwendung der sich deduktiv aus dem Leitfaden ergebenden Hauptkategorien „Ausbildungspraxis", „Kompetenzentwicklung" und „Wandel der Ausbildung" (Phase 2) auf das Datenmaterial (Phase 3). Induktiv wurden weitere relevante Themen zur Forschungsfrage im Datenmaterial identifiziert und in Subkategorien überführt (Phase 4). Anschließend erfolgte die Anwendung dieses letzten Kategoriensystems (vgl. Anhang 3) auf das Datenmaterial (Phase 5). Als vertiefende Analysen (Phase 6) kamen qualitative Fallgruppenvergleiche, Zusammenhanganalysen und Visualisierungen zur Anwendung.

▶ 5   Experteninterviews: Ergebnisse

Die Ergebnisse der Experteninterviews geben Aufschluss zur Frage 1, welchen ausbildungsspezifischen Kompetenzanforderungen sich die betrieblichen Ausbilder/-innen in ihrem beruflichen Alltag aktuell stellen müssen. Die Darstellung der Interviewergebnisse erfolgt entlang der Hauptkategorien „Ausbildungspraxis", „Wandel der Ausbildung" sowie „Professionalisierung" (vgl. Anhang 3). Die Subkategorien bilden die Unterabschnitte in den folgenden Kapiteln. Dabei werden die Kategorien Ausbildungspraxis und Wandel der Ausbildung zusammen dargestellt, da sie ähnliche Subkategorien umfassen (z.B. Charakterisierung der Auszubildenden). Sie unterscheiden sich vordergründig in ihrer zeitlichen Ausrichtung. So bezieht sich die Kategorie „Ausbildungspraxis" auf das aktuell erlebte Ausbildungsgeschehen, wohingegen sich die Kategorie „Wandel der Ausbildung" auf die zukünftig erwarteten und wahrgenommenen Veränderungen bezieht. Die Ergebnisse ermöglichen es, das theoriegeleitete Modell zu validieren und zu konkretisieren (siehe Frage 2).

5.1   Ausbildungspraxis und Wandel der Ausbildung

Um Aussagen zu den latenten Kompetenzanforderungen in der Ausbildungspraxis treffen zu können, wurden die Interviewpassagen zu den Hauptkategorien „Ausbildungspraxis" und „Wandel der Ausbildung" in folgende Subkategorien zusammengefasst: 1) Ausbildungsgestaltung, 2) Aufgabenbereiche und Selbstverständnis, 3) Herausforderungen sowie 4) Einsatz digitaler Medien.

5.1.1   Ausbildungsgestaltung

Mit den verschiedenen Lernorten der dualen Berufsausbildung – Betrieb und Bildungsinstitution (z.B. ÜBA) – gehen höchst differente Rahmenbedingungen und Ausbildungsprozesse einher. Unterschiede ergeben sich sowohl bei der organisatorischen Einbindung der Ausbildung in die institutionellen oder betrieblichen Abläufe als auch bezogen auf die Funktion des ausbildenden Personals. Während Ausbilder/-innen bei den Bildungsinstitutionen meist hauptamtlich tätig sind und ihr Hauptaugenmerk auf die didaktische Gestaltung und strukturierte Umsetzung der Ausbildungskurse legen können, findet die Ausbildung in den befragten Betrieben praxisbezogen im Arbeitsprozess und, falls vorhanden, in betriebseigenen Lehrwerkstätten statt:

> „Der Tag ist eigentlich immer mehr oder weniger durchstrukturiert, d. h., wir fangen in so einem drei Wochenblock z.B. an, dass wir jetzt den ersten Tag immer die ersten eineinhalb Stunden mit Arbeitssicherheit ausgefüllt haben […], dann machen wir einen Ausblick über die nächsten drei bis vier Wochen, was an Themen ansteht und dann geht es eigentlich schon los" (B4, #0:05:23-0#; Bildungsinstitution).

> „Also es gibt ja einmal den Ausbildungsrahmenplan, und da wir halt ein sehr klei-
> nes Unternehmen sind und den Rahmenplan so gestalten müssen, wie die Aufga-
> ben auch anfallen, werden die Jungs, ich sage mal, wenn wir eine Steuerkette aus-
> zutauschen haben und wir wissen, das hat der noch nicht gemacht, dann stellen
> wir den natürlich bei der Steuerkette bei" (B9, #0:11:28-0#, Betrieb).

In Betrieben ist die Ausbildungsgestaltung entsprechend vom Alltagsgeschäft her geprägt:

> „Einen typischen Ausbildertag gibt es, glaube ich, gar nicht so wirklich bei mir.
> [...] Wie soll man das sagen? Es ist auch sehr vom Tagesgeschehen geleitet [...] –
> also die Arbeit" (B2, #0:04:30-0#, Betrieb).

Das zeigt, dass für das ausbildungsbezogene Handeln durch den hohen Bezug zum Alltagsgeschäft eine andere Flexibilität gefragt ist als in den strukturierten Ausbildungsmaßnahmen der überbetrieblichen Ausbildung. Außerdem verteilen sich in den Betrieben die ausbildungsrelevanten Verantwortlichkeiten mitunter auf unterschiedliche Personen, womit
verschiedene Anforderungen einhergehen, die an die jeweilige ausbildende Person gestellt
werden.

Anhand des Materials lassen sich in diesem Zusammenhang verschiedene Modelle
unterscheiden: In größeren Unternehmen sind ausbildungsbezogene administrativ-orga-
nisatorische Aufgaben Teil der Personalabteilung. Die fachpraktische und ggf. fachtheoretische Ausbildung übernimmt mindestens ein Ausbilder/eine Ausbilderin mit absolvierter
Schulung nach der AEVO oder ein Meister/eine Meisterin.[10] Die Umsetzung der Ausbildung
in den befragten Betrieben differenziert sich weiter aus. In Handwerksbetrieben beispielsweise übernehmen in einigen Fällen Meister/-innen oder geschulte Ausbilder/-innen die
administrativ-organisatorischen Aufgaben und, falls vorhanden, die fachtheoretische Ausbildung in Lehrwerkstätten (z.B. B8, B9, B10). Die praktische Ausbildung übernehmen
sowohl Meister/-innen als auch Gesellinnen und Gesellen bzw. ausbildungsbeauftragte
Fachkräfte:

> „Ausbilder in der Form, dass wir wirklich sagen, du bist Ausbilder und dann eben
> mitverantwortlich, sind es für jeden Fachbereich einer also, dann gibts eben vier,
> fünf Ausbilder, die dann in ihrem Fachbereich wiederum den Hut aufhaben und
> dann Berichtshefte kontrollieren und einfach im Alltag mehr den Blick auf die
> Auszubildenden haben, die dann näher dran sind an den Gesellen, die dann eben
> als Ausbildungsbeauftragte fungieren" (B11, #0:07:34-2#).

In den befragten kleineren Betrieben liegt die Verantwortung in der Regel bei einer neben-
amtlichen Ausbildungsperson, während die Förderung der Fachkompetenz bei den ausbil-
dungsbeauftragten Mitarbeiterinnen und Mitarbeitern während des Alltagsgeschäfts statt-

---

10 Durch die Meisterprüfung werden die berufs- und arbeitspädagogischen Kenntnisse nachgewiesen, welche
    nach § 4 Abs. 3 AEVO inhaltlich auf nahezu dieselben Handlungsfelder und -inhalte verweist wie die Aus-
    bildung nach § 3 AEVO.

findet. Einen Sonderfall in der Erhebung nimmt die Position „Ausbildungsreferent/-in" ein. Die befragte Person in dieser Position übernimmt alle administrativ-verwaltenden Aufgaben (z. B. Einsatzplanung), Aufgaben der Personalverwaltung (z. B. Akquise, *Onboarding*), das Unterrichten der Fachtheorie sowie die Beratung der ausbildenden Gesellinnen und Gesellen bzw. des Meisters/der Meisterin zu ausbildungsspezifischen Themen. Der Meister/die Meisterin ist für Formalia (z. B. Unterschriften) und für die fachpraktische Ausbildung zuständig.

> „Ich bin natürlich nicht die Ausbilderin auf dem Papier. Also der Kollege, der das macht, der macht mittlerweile wirklich nur noch die Unterschrift, und sobald Azubi dransteht, Praktikant dransteht, landen die Sachen alle auf meinem Schreibtisch. […] Also die Fachpraxis liegt tatsächlich bei einem Senior-Meister, der da unsere Jugendlichen unterrichtet. […] Ich kümmere mich allerdings um die […] fachtheoretischen Inhalte" (B7, #0:12:34-0#).

Zuletzt ist die Lernortkooperation als Bestandteil der Ausbildungsgestaltung zu nennen. Neben der sporadischen Kooperation mit berufsbildenden Schulen bei Problemlagen mit den Auszubildenden finden im Einzelfall überbetriebliche Kooperationen statt. Fachinhalte, die die Betriebe nicht abdecken können, werden entweder über die externen Schulungen oder aber durch Betriebskooperationen abgedeckt.

> „Dazu haben wir eben mit mehreren Fachwerkstätten Kooperationsverträge, wo wir die Auszubildenden dann unterbringen können in diesem Ausbildungsabschnitt" (B2, #0:03:30-0#).

> „Was darüber hinausgeht über das Alltägliche, dafür haben wir dann im handwerklichen Bereich regelmäßig interne Ausbildungseinheiten oder externe Schulungen" (B11, #0:02:40-9#).

Bezogen auf Kompetenzen wird aus den Beispielen deutlich, dass Ausbildungshandeln die Bereitschaft erfordert, sowohl intern als auch extern mit weiteren Akteurinnen und Akteuren des Ausbildungsalltags zu kooperieren (B2, B7, B11). Die Verantwortlichkeiten münden in unterschiedlichen Aufgaben, die betriebliche Ausbilder/-innen je nach Einsatzbereich, Funktion und Institution mit einer individuellen Gewichtung ausführen.

5.1.2 Aufgabenbereiche und Selbstverständnis des betrieblichen Ausbildungspersonals

In ihrer Gesamtheit lassen sich die in den Interviews beschriebenen Aufgaben in folgende Bereiche zusammenfassen:

Tabelle 10: Aufgabenbereiche des betrieblichen Ausbildungspersonals

Aufgabenbereich	Beschreibung der Aufgaben
Organisation, Verwaltung, Personalmanagement (z. B. Erstellen von Lernplänen, Dokumentation, Auszubildenden-akquise, Onboarding)	„Ich kümmere mich darum, dass die Ausbildung hier im Haus vernünftig organisiert ist und [...], dass wir die Rahmenpläne in Anführungszeichen ‚controlen' und sicherstellen, dass wirklich jeder und jede alles gelernt hat, was die dann eben lernen müssen" (B11, #0:00:56-2#). „Also, ich beginne mit der Praktikanten-Akquise, der Azubi-Akquise, betreue die Praktika, hol mir das Feedback ein, melde das dem Chef zurück, wie die sich gemacht haben. Der Chef sagt dann ‚ja/nein' oder ‚entscheide du', dann bereite ich die Einstellung vor, ich mache die Verträge, ja, ich mache so das Preboarding, Onboarding, ich organisiere eine Einführungsstart-Woche für die Auszubildenden. [...] Ansonsten, wie gesagt, sämtliche ja, Abbrüche verhindern, Gespräche, dann so Halbzeit-Gespräche, immer Probezeit-Gespräche, Probezeit-Überwachung, Berichtsheftkorrektur, Berichtsheft-Überwachung, Prüfungsvorbereitung" (B7, #0:01:30-9#).
Sozialpädagogik/Erziehung (z. B. Feedback- und Beratungs-gespräche führen, Betreuung beim Führen der Berichtshefte)	„Wir haben einmal im Monat, haben wir einen Lern-Samstag [...]. Da können die Jugendlichen zu uns kommen, können Berichtshefte schreiben, wenn sie konkrete Themen haben aus der Berufsschule, können sie die mit mir da lernen. Und Montagnachmittag gibt es immer eine Azubi Sprechstunde, wo sie mir dann auch noch mal ihr Herz ausschütten können" (B7, #00:02:53-3#).
Berufspädagogik/Einsatz von Ausbildungsmethoden (z. B. Inhalte vermitteln/ Arbeitshandlungen erläutern)	„Na ja, die theoretischen Inhalte den Auszubildenden zu vermitteln, aber auch sowohl die Praxis" (B6, #0:04:21-4#). „Dann werden Sachen erklärt, meistens so, wie der Lehrling dann Fragen hat" (B10, #0:08:36-7#).
Prüfungsvorbereitung oder -organisation (z. B. Prüfungsvorbereitung, Mitarbeit im Prüfungsausschuss)	„Natürlich soll er [der Ausbilder], was wir jetzt auch immer noch extern machen, teilweise auch intern so Prüfungsvorbereitung machen – also sprich, [...] Parcours-Aufbau auf dem Gelände, die Prüfungsaufgaben planen mit den Fahrern. Eben das, was so anfällt" (B2, #0:11:30-0#).
Lernortkooperation	„Dazu haben wir eben mit mehreren Fachwerkstätten Kooperationsverträge, wo wir die Auszubildenden dann unterbringen können in diesem Ausbildungsabschnitt" (B2, #0:03:30-0#). „Was darüber hinausgeht über das Alltägliche, dafür haben wir dann im handwerklichen Bereich regelmäßig interne Ausbildungseinheiten oder externe Schulungen" (B11, #0:02:40-9#).

Quelle: eigene Darstellung

Die Art und Weise, wie in der Ausbildungspraxis Kompetenzen gefördert werden, wird über den situationsangemessenen Einsatz von Ausbildungsmethoden maßgeblich mitbestimmt. Die Ergebnisse zeigen, dass bei den berufspädagogischen Aufgaben etablierte Methoden vorrangig genannt werden (z. B. Frage-Antwort-Situationen, fragend-entwickelndes Ausbildungsgespräch, Vier-Stufen-Methode). Andere Aspekte des didaktischen bzw. pädagogischen Vorgehens werden umschrieben, wie aus den Zitaten in Tabelle 10 deutlich wird (z. B. Gespräche führen, selber machen lassen). In einem Fall wird ein Bezug zum selbstständigen Lernen durch Erproben deutlich. Bezüglich der Ausbildungsmethoden unterscheidet sich das Ausbildungspersonal in Bildungsinstitutionen von Ausbilderinnen und Ausbildern in Betrieben dahingehend, dass Erstere stärker die eigenen didaktisch-methodischen Vorgehensweisen reflektieren und in ihrem Handeln variieren:

> „Ich habe natürlich eine Idee, wie ich etwas vermittele, wie ich etwas erkläre, und greife dabei schon auf mehrere Varianten zurück" (B5, #0:10:30-0#).

Intuition und Erfahrung spielen im ausbildungsbezogenen Handeln gegenüber dem bewussten Einsatz von Methoden ebenfalls eine nennenswerte Rolle:

> „Ja, also ich mache ganz viel Bauchgefühl, ist das glaube ich" (B1, #1:05:30-0#).

> „Also bei uns ist es schon wichtig, dass man irgendwie die Ausbildung selber gemacht hat und dass man die praktische Erfahrung da auch einfach ein bisschen hat" (B12, #0:14:30-0#).

Je nach bekleideter Position im Betrieb bzw. Aufgabe, die sich im Ausbildungsalltag stellt, übernimmt das Ausbildungspersonal unterschiedliche Rollen. Sie korrelieren mit den dargestellten Aufgabenbereichen (vgl. Tab. 11).

Im Selbstverständnis der befragten Personen wird deutlich, dass die Ausbildungstätigkeit mehr umfasst als die bloße Förderung des theoretischen und praktischen Fachwissens. Es spiegeln sich ebenfalls pädagogische und erzieherische Handlungen wider. Ausbildende Personen bekleiden entsprechend im Ausbildungsalltag mehrere Rollen (z. B. B5), die als unterschiedlich herausfordernd beschrieben werden (z. B. B1, B5). Dabei stehen die Bedürfnisse der Zielgruppen im Fokus.

Tabelle 11: Rolle und Selbstverständnis des betrieblichen Ausbildungspersonals

Selbstverständnis in der Rolle als	Beschreibung der Rolle
Lernbegleiter/-in; Moderator/-in; Motivator/-in	*„Ich merke, dass der Ausbilder, der vorne steht, auch ein Stück weit mehr Motivator sein muss, als es früher war"* (B5, #01:00:00-0#). *„Wir sind zwar noch Ausbilder, wir sind vielleicht auch Lernerfolgsbegleiter"* (B8, #0:20:52-0#).
Erzieher/-in; Elternersatz; Freund/-in	*„Deshalb sage ich, wir als Ausbildungsbetrieb, wir kriegen eben nicht die Fertigen, sondern die müssen auch noch angeleitet und geführt werden, um, ja wir erziehen die eigentlich nachher noch weiter"* (B9, #0:07:53-0#). *„Das heißt, er soll mich nicht nur als Chef sehen, sondern ich habe viel, viel, viel mehr Rollen. Ich bin von mir aus auch Mama, ich bin Papa, ich bin Bruder, ich bin Kumpel, ich bin Freund, ich bin natürlich auch Ausbilder"* (B12, #0:16:00-0#). *„Was wir Ausbilder ja auch sehr häufig jetzt aktuell übernehmen, sind die Erziehungsaufgaben. Das ist einfach, das merken wir sehr, sehr häufig, dass da von zu Hause nichts kommt und dass wir eigentlich diejenigen sind, die schon; wir haben zwar einen gewissen Erziehungsauftrag, aber das ist in dem Umfang, wie es gerade stattfindet, abläuft, das ist halt doch sehr selten. Oder wird immer häufiger"* (B6, #0:05:06-7#).
Wissensvermittler/-in	*„Wichtig ist uns aber mal, sie wissen, dass es ein Lernfeld gibt und eben auch einen Ausbildungsrahmenplan, also immer schon dieses Hintergrundwissen so ein bisschen mitgeformt wird"* (B1, #0:42:30-0#). *„Als Fachlehrerin [...] bin ich zuständig für die Ausbildung oder für den Unterricht bei den Fachverkäufern im Lebensmittelhandwerk"* (B6, #0:00:10-4#).
Allrounder	*„Also, eigentlich muss man ja so eine Eier legende Wollmilchsau sein, heutzutage. Man soll alles können, und das kann man nicht mehr"* (B1, #0:07:00-0#).
Vorbild	*„Ganz, ganz großer Punkt von uns: Vorbild sein in fast allem. [...] Ich kann nicht Wasser predigen und Wein trinken, wie ich das immer so sage"* (B4, #0:27:00-0#) *„Also, ich agiere auch oft als Vorbildfunktion für die Auszubildenden. Also, es ist häufig so, dass die zu mir sagen: ‚Mensch [...], irgendwann sitze ich vielleicht auf Ihrem Stuhl'"* (B6, #0:02:15-2#).
Bedürfniserfüller/-in	*„Wenn du vor allen Dingen möchtest, dass die Leute auch zufrieden sind, musst du wirklich alles geben"* (B5, #0:54:00-0).

Quelle: eigene Darstellung

5.1.3 Herausforderungen

Das Bestreben der befragten Ausbilder/-innen, die dargestellten Aufgaben und Rollen auszufüllen, lässt sich im Ausbildungsalltag nicht immer realisieren. Als hemmende Faktoren sind zunächst formale und strukturelle Gegebenheiten oder fehlende Informationen zu nennen, die je nach Einsatzbereich und Erfahrung der Ausbilder/-innen stärker oder schwächer zum Tragen kommen. So empfinden die neu mit der Ausbildungstätigkeit beauftragten Personen es als herausfordernd, aktuelle, für die Ausübung ihrer Ausbildungstätigkeit notwendige Informationen zu erhalten oder über regelmäßig stattfindende Ereignisse wie Prüfungen rechtzeitig informiert zu sein:

> „Ich habe jetzt zum Beispiel gesehen, die hatten gerade Zwischenprüfung und ich hatte gestern Gelegenheit, mir die Zwischenprüfung anzugucken. Da waren halt Sachen drin, da wusste ich noch überhaupt nicht, dass sie [die Auszubildende] das gemacht hat" (B15, #0:38:00-0#).

Der Aufgabenbereich Administration, Organisation, Verwaltung wird besonders von Ausbilderinnen und Ausbildern in der überbetrieblichen Ausbildung als zeitintensiver Aspekt beschrieben, der die eigentliche Ausbildungstätigkeit behindert:

> „Und das ist, glaube ich, das was hier auch jeden Kollegen am meisten trifft, wenn der Auszubildende dann sagt: ‚Sie waren ja nie in der Werkstatt.' Weil jeder hier den Anspruch hat, das – genau das zu wollen, aber oft die Zeit nicht hat" (B1, #0:38:30-0#).

> „Gut, das ganze zeitliche Gestraffte ist auch nochmal eine Herausforderung" (B4, #0:22:08-0#).

Darüber hinaus benennt eine befragte Person das Fehlen einer Dokumentationsplattform als erschwerend für die eigene Tätigkeit:

> „Also, wenn Sie das Digitale ansprechen, mir fehlt tatsächlich, was ich aus der Sozialarbeit kenne, eine Dokumentationsplattform" (B7, #0:08:11-1#).

Neben diesen fallbezogenen Herausforderungen gehen aus den Ergebnissen einsatzort- und funktionsübergreifend wahrgenommene Herausforderungen hervor. So beziehen sich in 13 von 16 Interviews die Aussagen zu wahrgenommenen Herausforderungen im Ausbildungsalltag auf die Charakterisierung der Auszubildenden. Als herausfordernde Faktoren werden z. B. ein als verringert empfundenes Lernniveau sowie eine als geringer empfundene (psychische) Belastbarkeit seitens der Auszubildenden benannt. Auszubildende werden zudem als heterogener bzw. diverser[11] hinsichtlich ihrer Arbeitseinstellung, kulturell-religiösen, sprachlichen sowie persönlichen Wertorientierungen (z. B. Gender, Einstellungen und Werte) eingeschätzt:

---

11 Nach SLIWKA (2012) unterscheiden sich die Paradigmen der Heterogenität und Diversität in der Bewertung der Verschiedenheit von Personen. Während bei der Heterogenität der Fokus auf den Unterschieden und damit einhergehenden Herausforderungen liegt, werden diese im Ansatz Diversität als Lernressource und Vorteil aufgefasst (S. 171). In den Schilderungen der interviewten Personen werden mal Bezüge zum einen, dann zum anderen deutlich. Um den normativen Charakter des Modells zu unterstreichen, wird im Folgenden der Begriff Diversität bzw. divers weiterverwendet.

> „So und heutzutage muss man auf alles eingehen und auf jede Befindlichkeit ein-
> gehen und wenn man das nicht tut, ist direkt das Geschrei groß. Also, wenn man
> Gruppen hat, die sehr sensibel in dieser Thematik sind, dann hat man durchaus
> schon mal Diskussionen, wenn man vielleicht dreimal vergessen hat, zu gendern"
> (B4, #0:20:24-0#).

> „Aber da kommen eben auch teilweise dann ja viele Themen mit dazu noch, die
> man sonst nicht hat. Sprachbarriere, kulturelle Unterschiede, so was alles ist na-
> türlich dann auch teilweise schwierig in der Ausbildungsarbeit oder allgemein in
> der Zusammenarbeit" (B2, #0:08:30-0#).

Auszubildende werden aber auch als engagiert (B2, #0:22:08-0#), wissbegierig und
selbstbewusst wahrgenommen:

> „Wir haben auch Auszubildende, die auch teilweise fordern, die wollen dann
> auch wirklich was Neues lernen" (B14, #0:04:36-8#).

Diese Beschreibungen beinhalten zudem Veränderungen hinsichtlich des eigenen Selbst-
bewusstseins, dem Wunsch, sich selbst zu verwirklichen und die individuellen Bedürfnisse
zu leben:

> „Was wir sehr, sehr häufig feststellen: Wir können nicht mehr mit den Auszubil-
> denden umgehen wie vor 20 Jahren. Wir müssen die Ausbildung attraktiver ge-
> stalten, in dem Umgang attraktiver gestalten. Ich glaub gar nicht, dass das viel mit
> Geld zu tun hat. Die meisten sagen immer, es ist Geld, Geld, Geld [...]. Aber Geld
> beruhigt. Ja, an Geld gewöhnt man sich. Das kann nicht der Grund sein, weil die
> Generation möchte Aufmerksamkeit, die möchte berufliche Wertschätzung, die
> möchte sich selber entfalten" (B6, #0:07:30-9#).

Nach Ansicht der befragten Personen im Interview B5 weisen Auszubildende in einem stärkeren Ausmaß ein geringes Lernniveau auf. Dies führe in diesem Fall dazu, dass kompetenzorientierte Methoden wie lernfeldbezogene Aufgaben in der überbetrieblichen Ausbildung nicht eingesetzt werden:

> „Also, es ist tatsächlich so, dass ich beispielsweise ganz wenig mit PowerPoint
> mache [...] und auch tatsächlich wenig mit Lern- und Arbeitsaufgaben. Also, dass
> eher der Unterricht, zumindest der Theorieteil, auch nicht so lernsituations-, also
> lernfeldbezogen [ist], so wie es ja eigentlich sein soll. Man gibt Aufgaben raus,
> die sollen sie erarbeiten, und man ist selber nur noch Moderator, klärt Fragen,
> das geht mit den Leuten einfach schlecht, weil sie halt die Aufgaben beim Lesen
> teilweise überhaupt nicht verstehen" (B5, #0:16:00-0#).

Die Notwendigkeit, auf all diese Aspekte – sowohl die fördernden als auch die hemmen-
den – im Ausbildungsalltag Rücksicht zu nehmen, stellt teilweise neue Anforderungen an

das Ausbildungspersonal. Auszubildende mit dem Wunsch nach Selbstverwirklichung erfordern eine entsprechende Begleitung im Ausbildungsalltag, während bei anderen Auszubildenden die Selbstverantwortung erst noch gefördert werden muss. In Einzelfällen wird von den befragten Personen benannt, dass es erforderlich sei, ausbildende Kolleginnen und Kollegen für die Bedarfe der Auszubildenden zu sensibilisieren und die eigenen Haltungen, Einstellung und Methodenkenntnisse zu hinterfragen, um den Veränderungen zu begegnen.

> „Das ist mit Sicherheit eine Aufgabe, die es uns gelingen muss zu vermitteln und wo Ausbilder einfach für sich auch reflektieren müssen. Achtung, es ist vielleicht nicht ganz klar, dass man [die Auszubildenden] eben jetzt sich um sich selbst kümmern muss und Erwartungen an einen gerichtet werden und nicht mehr nur noch alles rübergereicht wird. Und dann nicht gleich so kommen und sagen, diese blöden kleinen Deppen, sondern nee, andere Generation, andere Welt, die müssen wir erstmal abholen, damit das hier auch funktioniert" (B11, #0:07:34-2#).

Andere Fälle beschreiben eine Frustration, die mit dem starken Fokus auf die individuellen Eigenschaften einhergehe:

> „Und ich sag mal, je mehr diese ganze Thematik, ob das jetzt eben das Gendern ist oder ob das Einschränkungen, Beeinträchtigungen körperlicher Art sind oder geistiger Art sind, es wird halt alles dermaßen gehypt inzwischen, dass es wirklich anstrengend wird manchmal. Das ist so, wo ich sage, das geht mir persönlich, da kann ich jetzt aber nur für mich sprechen, auch manchmal ein bisschen auf den Sack, ehrlich gesagt" (B4, #0:21:10-0#).

Neben der Reflexion des eigenen Handelns, um dieser Entwicklung zu begegnen, liegt eine weitere Strategie im Ausbildungsalltag in der Anpassung der betrieblichen Abläufe oder der inhaltlichen Anforderungen an die Bedarfe der Auszubildenden. So antwortet eine befragte Person auf die Frage, wie im Betrieb mit den als geringer empfundenen Lernmöglichkeiten und Vorkenntnissen der Auszubildenden umgegangen wird:

> „Man senkt einfach traurigerweise seine Anforderungen" (B10, #0:10:12-3#).

Der Fachkräftemangel wird diesbezüglich als Treiber dieser Lösungsstrategie empfunden, was im folgenden Beispiel deutlich wird:

> „Wir akzeptieren viele Dinge, die wir vielleicht vor vielen Jahren nicht akzeptiert hätten, aber dass wir jemanden rausschmeißen? Gott bewahre. Wir brauchen die ja alle" (B11, #0:07:34-2#).

Folglich werden Auszubildende eingestellt bzw. nach Möglichkeit im Unternehmen gehalten, die in der Vergangenheit kaum für diesen Ausbildungsberuf infrage kamen. Damit steigen die Anforderungen an das betriebliche Ausbildungspersonal, neue Methoden anzuwenden (z. B. im Umgang mit Lernschwächen), um diese Entwicklung mitzugestalten.

5.1.4 Einsatz digitaler Medien in der Ausbildung

Als weiteres alltagsbestimmendes Element erweist sich der Einsatz digitaler Technologien und Lernmedien in der Ausbildung. Die Frage nach der Art der in der Ausbildung eingesetzten digitalen Medien bzw. Technologien wird in den Gesprächen zumeist mit Beispielen zur Gestaltung der Arbeitsprozesse bzw. der Arbeitsorganisation beantwortet. Beispiele für diese Einsatzart sind die Zeiterfassung (B11), Software zur Arbeitsorganisation oder der Einsatz berufsspezifischer Technologien und Software wie Diagnosegeräte der KFZ-Branche (B5, B9).

> „Gut, also natürlich benutzt jeder von denen beruflich ein Handy. Allein schon zur Zeiterfassung, Apps zum Lernen hält sich in Grenzen" (B11, #0:21:03-2#).

Digitale Lernmedien spielten bislang eine untergeordnete Rolle. Sie finden hingegen spätestens seit der Covid-19-Pandemie zunehmend ihren Weg in die Ausbildungspraxis:

> „Also, so sehr ich Corona hasse, aber ich glaube in Hinblick auf Digitalisierung in der Ausbildung hat es uns schon ein Stück weit nach vorne gebracht" (B4, #0:15:34-9#).

Ob digitale Lernmedien (weiterhin) in der Ausbildung eingesetzt werden, hängt von der Haltung der ausbildenden Person ab. Bei den Befragten lässt sich die Haltung zu digitalen Lernmedien tendenziell als positiv beschreiben. Die Aussagen hierzu reichen von „völlig unproblematisch" (B15, #0:17:29-8#) über „eine gute Ergänzung" (B11, #0:27:17-7#) hin zu zwar offenen, aber zurückhaltenden Aussagen, wie das folgende Beispiel zeigt:

> „Ansonsten ist es halt doch auch, leider Gottes auch, ein bisschen personenabhängig. Ich bin halt nicht so rechneraffin und ich stehe tatsächlich am liebsten eigentlich im Labor und mache selber oder lasse machen und leite halt an. Also ja, das Potenzial ist auf jeden Fall da und da wird auch noch einiges kommen, für mich könnte es noch ein paar Jahre so bleiben, wie es jetzt ist" (B4, #0:40:15-4#).

Bei der Frage nach konkreten, sich im Einsatz befindenden Tools, Medien und Apps wird aus den Interviews deutlich, dass sich überwiegend von den Auszubildenden und dem Ausbildungspersonal gewohnte Apps und Endgeräte im Einsatz befinden. Beispiele hierfür sind die Verwendung von *Meetingtools* in Kombination mit Präsentationen für synchrone Lernsequenzen, das Erstellen von *Reals* über Instagram mit *Smartphones* durch Auszubildende oder die Kommunikation via WhatsApp. Aus Tabelle 12 geht hervor, dass unter den eingesetzten Lernmedien neben Simulatoren (Einzelfall) häufiger das digitale Berichtsheft, berufsspezifische Software, Plattformen, branchenspezifische Angebote von Verlagen sowie betriebsinterne *E-Learnings* zu Datenschutz und Arbeitssicherheit benannt werden. Aufgeführt werden in Einzelfällen darüber hinaus Lerntools wie studyfix, sofatutor oder berufs-spezifische Karteikartensysteme.

Tabelle 12: Aktuell an den Ausbildungsorten eingesetzte Lehr- und Lernmedien

Potenzialkategorie	Benannte Apps, Tools, Software
Inhalte und Informationen verfügbar machen	Teams, eigene *E-Learnings*, *E-Learning*-Formen anderer Anbieter, z. B. sofatutor, studyfix
Strukturieren und Systematisieren	Karteikarten-App
Visualisieren, Animieren, Simulieren	Simulationen, Diagramme, Präsentationen
Aufgaben/Probleme lösen	MS-Office, Branchensoftware
Kommunizieren und Kooperieren	Teams, WhatsApp; Reals mit Instagram, *Social Media*
Diagnostizieren und Testen	Digitales Berichtsheft
Reflektieren	Digitales Berichtsheft

Hinweis: Lehr- und Lernmedien strukturiert nach HOWE/KNUTZEN (2014)

Tabelle 12 verdeutlicht, dass Potenziale interaktiver Medien für das Lehren und Lernen in den befragten Fällen nicht ausgeschöpft werden. Dies betrifft vor allem Potenzialkategorien zum Strukturieren und Systematisieren sowie zum Prüfen und Testen. Umfangreicher und aufwendiger zu entwickelnde digitale Lernformen werden im Einzelfall dann benutzt, wenn wirtschaftliche Faktoren eine Rolle spielen, wie dieses Beispiel aus der Baubranche zeigt:

> „Wir sind da [beim Einsatz digitaler Medien] ziemlich weit, also wir haben vor Jahren schon angefangen, dass wir mit Praxissemesterstudenten zum Beispiel Simulatoren gebaut haben, was natürlich eine Supergeschichte ist im Rahmen der Baumaschinentechnik. Wenn Sie einen Riesen-Seilbagger haben, ist es natürlich schöner, wenn der in einer digitalen oder virtuellen Ebene umkippt, als wenn er das denn live tut" (B1, #0:11:37-8#).

Insgesamt wird deutlich, dass der Einsatz digitaler Lernmedien in der Ausbildung punktuell genutzt wird. Allerdings geht aus den Gesprächen kaum hervor, ob es strategisch-ganzheitliche Konzepte in den überbetrieblichen Ausbildungen oder Betrieben für diesen Lernmitteleinsatz gibt. Tendenziell werden in den geschilderten Fällen digitale Medien auf Basis von kollegialen Hinweisen, den technischen Gegebenheiten oder der eigenen Medienerfahrung explorativ und intuitiv eingesetzt:

> „Also, ich liebäugele immer noch damit, dass im Endeffekt die Schüler komplett alle mit Laptop, Tablet, was auch immer, dort sitzen und sie gleichzeitig die Präsentation, die ich zeige, dann auch auf ihrem elektronischen Medium haben, dass

sie auch direkt reinschreiben können. Ich habe das einmal vor zwei, drei Jahren, einmal exemplarisch ausprobiert. (…)" (B5, #0:19:00-0#).

„Wir haben viel Learning by Doing gemacht. Wir haben viel auch bei unseren Aus-zubildenden Rücksprache gehalten, also nach dem Motto: Hier Auszubildender X, ich weiß, du bist da recht affin, sag mir mal, wie machst du das, wie geht das denn im Whiteboard. […] Wir haben aber auch lange Zeitlang, so genannte Lern-nuggets von Kollegen bekommen, die sich da hauptberuflich mit zusammen aus-einandergesetzt haben, mit der Thematisierung digitaler Unterricht und haben dann in Teams einen eigenen Kanal gehabt, wo es dann so kleine Tipps und Tricks gab" (B4, #0:16:27-0#).

Einzelne befragte Personen stellen die Prognose, dass der Einsatz von Medien zukünftig vielfältiger und interaktiver werde, oder verweisen darauf, dass ihr Betrieb in diese Rich-tung bereits expandiere:

„Und jetzt sind wir wirklich auf einem guten Weg, dass wir sagen, jetzt ändert sich hier gerade im Bereich Digitalisierung sehr, sehr viel" (B13, #0:19:36-6#).

„Von der Digitalisierung, also, dass man auch gewisse, also keine statischen, rein statischen Dokumente mehr hat, sondern auch interaktive, wo man vielleicht auch selber eingreifen muss […], das geht natürlich auf jeden Fall auch und wird mit Sicherheit auch mehr" (B4, #0:39:42-0#).

Hinsichtlich der Kompetenzanforderungen, die sich an das betriebliche Ausbildungsper-sonal im Alltag durch den Einsatz von digitalen Lernmedien stellen, zeigt sich, dass die mediendidaktische Einbindung entsprechender Apps, Geräte und Tools, die fehlende Aus-stattung sowie die Bereitschaft, eigene Gewohnheiten zu reflektieren, Anforderungen darstellen. So wird in einzelnen Fällen eine Lernbereitschaft deutlich, um die eigenen Anwenderkenntnisse sowie medienpädagogische Kompetenz weiterzuentwickeln. Hierzu benennen einzelne befragte Personen einen konkreten Bildungsbedarf und ihre eigenen Grenzen (vgl. Kapitel 5.2.4). Das Einschätzen von Grenzen und Potenzialen der Medien für die Ausbildung stellt eine weitere Kompetenzanforderung dar.

Insgesamt erweisen sich die Kompetenzanforderungen an betriebliche Ausbilder/ -innen aufgrund ihrer unterschiedlichen Aufgaben und Einsatzbereiche als heterogen. So werden beim nebenberuflich tätigen Ausbildungspersonal in Betrieben beispielsweise we-niger Anforderungen im Bereich der Organisation oder Führungskompetenz benannt (z. B. B12, B2), während diese Bereiche bei den ausbildenden Führungskräften oder Referen-tinnen und Referenten stärker hervortreten. Kompetenzanforderungen beziehen sich also auf einzelne Funktionen und Positionen, aber auch auf den Ausbildungsort. So spielen di-daktische Fragestellungen zur Durchführung von Ausbildungskursen naturgemäß in der überbetrieblichen Ausbildung eine größere Rolle als in kleinen Unternehmen, in denen die Ausbildungspraxis die Orientierung am Alltagsgeschäft erfordert.

Funktions-, betriebs- und institutionsübergreifend stellen die wahrgenommene Diversität der Auszubildenden neue pädagogische Anforderungen an das betriebliche Ausbildungspersonal. Damit einher geht die Notwendigkeit, die eigene Person, die eigenen Werte und das Ausbildungshandeln zu reflektieren und die eigene Methodenkompetenz weiterzuentwickeln (Reflexions- und Lernbereitschaft).

5.2 Professionalisierung

Die Codierung zur Professionalisierung umfasst die Aussagen der befragten Ausbilder/-innen zu ihrer beruflichen Handlungskompetenz sowie ihrem Weiterbildungsbedarf. In diesem Themenbereich stand die Frage im Zentrum, welche Kompetenzen nach Meinung der Befragten für die Ausübung der Ausbildungstätigkeit aktuell sowie zukünftig notwendig sind, d. h. die bewusst wahrgenommenen (manifesten) Kompetenzanforderungen.

Bei den nachfolgend dargestellten Schilderungen ist zu berücksichtigen, dass die jeweils von den befragten Personen mit dem Begriff „Kompetenz" assoziierten Aspekte und Begrifflichkeiten wie Fähigkeiten, Kenntnisse, Kompetenz usw. jeweils unterschiedlich verstanden werden. Entsprechend wurde daher das Vorgehen gewählt, wenn möglich, die geschilderten kompetenzrelevanten Aspekte den Kompetenzbereichen und Dimensionen im entworfenen Kompetenzmodell zuzuordnen (vgl. Kapitel 3).

5.2.1 Domänenspezifische Fachkompetenz

Die Aussagen zu diesem Kompetenzbereich beziehen sich auf die berufsspezifischen Anforderungen. Das domänenspezifische Fachwissen wird in diesem Kompetenzbereich als Basis für die Ausbildungstätigkeit gesehen:

> „Grundlegend ist ja erstmal Fachwissen, das ist ja ganz klar" (B8, #0:23:04-4#).

> „Also, ich sage mal so, man muss natürlich als Ausbilder oder erst recht als Ausbildungsfahrer seine, ja alle, alle Themen auch beherrschen, also die ganzen, das ganze Wissen muss da sein" (B2, #0:15:00-1#).

Mit der domänenspezifischen Fachkompetenz wird außerdem der Respekt der Auszubildenden verknüpft:

> „Hohe Fachkompetenz, auch wichtig, weil wenn der Azubi das Gefühl hat oder die Mitarbeiter das Gefühl haben, ich weiß mehr als der Ausbilder, dann ist das, dann geht der Respekt schnell flöten" (B9, #0:21:41:0#).

Gemäß einzelner befragter Personen ist es relevant, dass man im Zusammenhang mit der Fachkompetenz auch die „Führungsqualitäten" (B4, #00:25:00-0#) und die Kompetenz habe, die Stärken der Auszubildenden einschätzen und diese dann beraten zu können.

> „Was muss ich mitbringen, da würde ich den Azubi erstmal fragen und sag: ‚Guck dir das erstmal an. Bist du besser in geordneten Strukturen, ich mach das ganz Schicht nach Schicht. Oder bist du eher ich mach mal da was, mach mal da was oder so.' Weil dem einen liegt das, dem anderen liegt das" (B9, #0:24:01:0#).

Hinsichtlich der zukünftigen Entwicklung werden die Anforderungen an die domänenspezifische Fachkompetenz in einigen Fällen als gleichbleibend empfunden:

> „Also das Fachliche ist und bleibt eigentlich immer das Gleiche"
> (B4, #0:21:39-0#).

In anderen Branchen wird auf eine dauerhafte Weiterbildungsnotwendigkeit verwiesen:

> […], wenn ich jetzt alleine an die Baumaschinentechnik denke, dann ist das so ein massiv großes Feld, wo ich immer gucken muss, dass ich die neuesten Sachen auf dem Schirm habe" (B1, #0:04:00-0#).

Bemerkenswert bei den Antworten in dieser Kategorie ist, dass die Hinweise und Beschreibungen zur Fachkompetenz, verglichen mit den anderen Kompetenzbereichen, überwiegend kurz ausfallen. Wie in diesen Beispielen wird in den Interviews flüchtig die Relevanz benannt, dass eine Fachkompetenz im eigenen Beruf vorhanden sein muss; es folgen in den Interviews anschließend ausführlichere Beschreibungen zu den weiteren Kompetenzbereichen.

5.2.2 Berufspädagogische Kompetenz

Die diesem Kompetenzbereich zugeordneten Aussagen beziehen sich z. B. auf Ausbildungsstrukturen, Rahmenpläne und Ausbildungsmethoden. Diese sind damit nicht der domänenspezifischen Fachkompetenz bzw. Methodenkompetenz zuzuordnen, da sie einen eindeutigen Bezug zum Handeln von ausbildenden Personen aufweisen.

> „Ja, ansonsten haben wir ausbildungstechnisch natürlich unsere Vorgaben, Ausbildungsrahmenplan ganz klar, d. h., mit und mit steigert sich das halt immer von der Komplexität und der Schwierigkeit her" (B4, #0:09:06-0#).

Deutlich werden Bezüge zwischen der Sozial- und Personalkompetenz sowie der berufsdidaktischen bzw. -methodischen Kompetenz. Dies zeigt sich z. B. in der überbetrieblichen Ausbildung in der Notwendigkeit, Auszubildende im Ausbildungsalltag angemessen zu adressieren. Dies erfordere einerseits die Fähigkeit der ausbildenden Person, zurückhaltender zu agieren und selbstorganisierte Ausbildungsmethoden zuzulassen und didaktisch umzusetzen (B5). Andererseits bedürfe es auch der Fähigkeit, „sich rüberzubringen" (B4) und die Kompetenzentwicklung der Auszubildenden derart zu gestalten, dass diese am Entwicklungs- und Kenntnistand der Auszubildenden ansetzt (B4).

„Und ich lasse die wirklich frei laufen. Die kriegen eine Aufgabe mit einer genauen Definition, was am Ende nachher in ihrem Köpfchen drin sein soll, und achte auch darauf bei Gruppenbildungen, dass wir stärkere und schwächere zusammensetzen, begleite das Ganze" (B5, #0:12:30-0#).

„Man muss natürlich in irgendeiner Art und Weise auch [...] eine Möglichkeit haben, sich in irgendeiner Art und Weise rüberzubringen, also auch Lerninhalte zu vermitteln. [...], da habe ich einen Kollegen gehabt, der hatte ein immenses Fachwissen, das war echt gigantisch, was der für ein Fachwissen hatte, aber er konnte es nicht vermitteln. [...] das ist schon was, was wir als Ausbilder auch haben müssen, dass wir tatsächlich jeden abholen" (B4, #0:28:47-0#).

Diesem Kompetenzbereich ist das pädagogische Handeln, das die Berücksichtigung pädagogischer und psychologischer Aspekte erfordert, zugeordnet. Dies umfasst beispielsweise Handlungsschritte im Umgang mit psychischen Auffälligkeiten und die Fähigkeit, bestehende Selbstkonzepte zu durchbrechen.

„[...] natürlich auch so ein bisschen so ein pädagogisches Händchen, ein bisschen Geschick im Umgang mit den Jugendlichen" (B7, #0:07:37-0#).

„[...], aber eben auch halt das ganze Sozialtechnische von psychologischen Auffälligkeiten über Suchtverhalten [...]" (B4, #0:42:16-0#).

„Ich sag: ‚Mensch, das ist aber schon ein bisschen böse, wenn du selber sagst, du bist dumm.' Ich sage: ‚Wer sagt denn das?' – ‚Njoa, meine Mutter sagt das doch auch.' Das sind häufig Antworten, die wir bekommen, und dann sag ich: ‚Nee, ich glaube an dich, ich weiß, dass du das kannst.' – ‚Ach ja, Sie glauben an mich.' So, dann gibt man denen die ersten fünf Minuten, unterstützt man sie, in die Aufgabe reinzukommen, nochmal eben ihnen das nochmal zu erklären. ‚Mensch, was sollst du denn jetzt machen?' Und dann auf einmal lernt oder sieht man, wie dieser kleine, frustrierte Kopf sehr kreativ wird" (B6, #0:09:22-6#).

In diesem Kompetenzbereich tritt die Kompetenzdimension „Ausbildungsmethoden" besonders hervor (B4, B5, B7). Dieser Aspekt wird in den Aussagen der Fälle B11 und B13 zum eigenen Weiterbildungsbedarf gestärkt:

„Und letztlich auch Gesellen, den Ausbildungsrahmenplan irgendwie greifbarer zu machen. Das heißt das konkret Verzahnung dualer Ausbildung, was muss ich heute Passendes zu dem Schulstoff vielleicht liefern" (B11, #0:35:49-2#).

„Wie man Inhalte vernünftig vermittelt. Vielleicht der didaktische Teil. Wie man Mitarbeitergespräche und Feedbackgespräche führt, und die Wichtigkeit davon, und wie man als Vorgesetzter vielleicht andere Leute zur Selbstständigkeit anleitet" (B13, #0:31:03-9#).

In den Aussagen werden darüber hinaus Merkmale der Sozial- und Personalkompetenz deutlich (z. B. Gespräche führen).

5.2.3 Sozial- und Personalkompetenz

Die Schilderungen zur Sozial- und Personalkompetenz bestätigen die Ergebnisse des letzten Kapitels. Sie beziehen sich auf den Umgang mit den Auszubildenden (z. B. motivieren können, Empathie, Gesprächsführung):

> „Ja, Kommunikationsfähigkeit, Offenheit, ja und auch eben auf die Menschen eingehen zu können, auf die Probleme, die sich dann da stellen"
> (B15, #0:16:00-0#).

> „Also, die wichtigste Kompetenz habe ich, glaube ich schon eingangs gesagt, ist die soziale Kompetenz, eben dieses mich einfühlen können in Leute"
> (B1, #1:00:30-0#).

Bei der Personalkompetenz beziehen sich die Aussagen der befragten Personen auf die Bereitschaft, das eigene Handeln und die eigenen Einstellungen zu reflektieren. Eigenschaften wie Belastbarkeit, Flexibilität und Freude an der Arbeit mit jungen Menschen sowie Lernbereitschaft, Organisationsfähigkeiten, Flexibilität und Durchsetzungsvermögen ergänzen dieses Spektrum:

> „Organisationsfähigkeit, Flexibilität, Kritikfähigkeit, Reflexionsfähigkeit und Empathie" (B4, #0:25:00-0#).

> „Umgangssprachlich das ‚dicke Fell'. Das dicke Fell ist wirklich wichtig"
> (B9, #0:21:19-0#).

> „Man muss Spaß dran haben, mit den Jugendlichen zu arbeiten"
> (B8, #0:23:30-#).

> „Ich muss als Ausbilder gerade heute immer *up to date* bleiben, […] das heißt, ich muss an mich eigentlich immer diesen Anspruch haben, um wirklich gut zu sein, ich muss permanent fortgebildet werden – permanent" (B1, #0:04:00-0#).

Bezogen auf die zukünftige Entwicklung prognostizieren die Befragten eine zunehmende Relevanz der Sozial- und Personalkompetenz. So käme es zukünftig noch mehr darauf an, Empathie bzw. Interesse für die Auszubildenden – gerade auch mit Blick auf die beschriebene Diversität der Auszubildenden – aufzubringen sowie die Kooperation unter Ausbilderinnen und Ausbildern mitzugestalten, z. B. indem Wissen geteilt wird:

> „Und man selbst muss wahrscheinlich noch mehr Empathie aufbringen, das glaube ich sehr, sehr doll, ja" (B6, #0:19:55-3#).

> „Oder die ÜBS sagt ‚Mensch, wir hätten die und die Möglichkeiten, das können wir noch vertiefen' und geben das dann nur als Information weiter oder was auch

immer. Aber dass man einen Ort hat, wo eben dieses Wissen ja nicht gebündelt wird und starr liegen bleibt, […] sondern dass das da eben sehr flexibel auch verteilt werden kann" (B1, #0:20:00-0#).

Damit entsteht ein Weiterbildungsbedarf an pädagogischen Vorgehensweisen in Bezug auf die Themen Arbeitsverhalten und Lernschwierigkeiten.

„Aber ich glaub, so ein Problem [unzureichende Arbeitshaltung], wie gehe ich mit so einem Azubi, wie mit unserem um, das haben andere Branchen auch […]. Aber ich glaub, das wäre auch mal interessant, wie das andere lösen" (B9, #0:50:17-0#).

„Weiterbildung… Psychologie ist bei mir ein großer Punkt, den ich […] sehr, sehr spannend finde. Umgang auch mit schwierigen Auszubildenden, weil es wird immer schwieriger, ja mit Lernschwächen, wie man damit am besten umgeht, das ist so der große Part, und ich glaub, ist für unsere, unseren Bereich der intensivste, den wir gerade aktuell haben" (B6, #0:31:09-2#).

Darüber hinaus wird im Fall B1 die Kommunikationsfähigkeit als Weiterbildungsbedarf – wenn auch nicht für die eigene Person, sondern für andere ausbildende Personen – benannt:

„Wir müssen doch da weiterbilden, wo es den Ausbilder weiterbringt. Und ich glaube, ganz viele Ausbilder würde es einfach weiterbringen, wenn man denen das beibringt, dieses zwischenmenschliche Agieren, dieses gewaltfrei Kommunizieren" (B1, #0:44:30-0#).

Insgesamt bestätigen die Aussagen die hohe Relevanz, die die Sozial- und Personalkompetenz von Ausbilderinnen und Ausbildern im Ausbildungsgeschehen einnimmt. Bemerkenswert ist, dass in Bezug auf diese Kompetenzbereiche eine steigende Bedeutung der Kommunikationsfähigkeit und Kooperationsbereitschaft und Empathie prognostiziert wird, obwohl diese seit jeher als relevanter Bestandteil des Ausbildungshandelns betrachtet werden kann.

5.2.4 Medienpädagogische Kompetenz

Aktuell wie zukünftig wird der medienpädagogischen Kompetenz eine hohe Bedeutung beigemessen:

„Verständnis [im] Umgang mit digitalen Medien. Das sollten die [Ausbilder] wirklich haben, und man sollte offen sein" (B6, #0:16:17-7#).

Dabei werden eigene Grenzen im Umgang mit digitalen Lernmedien wahrgenommen, wie der folgende Fall zeigt:

> „Ich möchte gerne, dass die schneller andere Medien benutzen können während des Unterrichtes, dass da mehr Flexibilität reinkommt. Wie ich das hinkriegen soll, ist mir noch nicht so ganz klar" (B5, #0:20:30-0#).

An späterer Stelle im Gespräch schildert die Person weiter:

> „Ich habe immer noch so ein bisschen das Dilemma, wenn ich das jetzt dort in die Cloud geschickt habe, wie kriege ich das jetzt wieder mit unseren ganzen EDV-Vorgaben gerade gebogen, dass ich es vernünftig nutzen kann? Da müsste ich entweder mehr Kompetenzen haben, wie auch immer geartet, oder es muss jemand anderes für mich den Weg besser ebnen" (B5, #1:01:00-0#).

Nach HÄRTEL u. a. (2018) beinhaltet die medienpädagogische Kompetenz neben der mediendidaktischen Kompetenz auch eine medienerzieherische Kompetenz. In zwei Fällen (B15, B4) wird zwar kritisch angemerkt, dass Auszubildende teilweise kaum über notwendige persönliche Medienkompetenz verfügten, um z. B. Internetrecherche durchführen und geeignete Quellen identifizieren zu können. Im Verständnis der Ausbilder/-innen wird die Förderung der Sozialkompetenz als Teil des Erziehungsauftrags aufgefasst (B11). Die Förderung der Medienkompetenz dagegen wird von den Befragten weniger in der eigenen Tätigkeit als ausbildende Person angesiedelt. Vielmehr läge diese in der Verantwortung der berufsbildenden Schulen:

> „Und das, finde ich, ist eine ganz große Aufgabe unserer ganzen Bildungsbehörden, da eine, ja eine Kompetenz zu schaffen, die ist nicht vorhanden, würde ich sagen" (B15, #0:44:28-8#).

Darüber hinaus wird ein Weiterbildungsbedarf im Umgang mit gängiger Software im Sinne einer Basis-Medienkompetenz bzw. von Anwenderkenntnissen benannt:

> „So Grundbasics, das würden die Firmen dann wahrscheinlich auch nutzen, sind solche kleinen Sachen, ich sag mal so Onlinetutorials, wie arbeite ich mit Word, mit Excel, vielleicht auch PowerPoint" (B10, #0:30:44-0#).

Mehrfach werden Dimensionen der medienpädagogischen Kompetenz als Weiterbildungsbedarf angeführt. Es stellen sich beispielsweise Fragen, wie das Berichtsheft in den Ausbildungsalltag integriert werden kann („Mit Blick natürlich auf digitale Berichtshefte unbedingt"; B11) oder wie Lerninhalte mit digitalen Medien adressatengerecht und motivierend gestaltet werden können („schmackhaft machen"; B12). Damit ist auch die Dimension Mediendidaktik angesprochen.

5.2.5 Weiterbildungsbedarf

Aus den bisherigen Ausführungen wird ein Weiterbildungsbedarf der befragten Personen deutlich, der sich über alle genannten Kompetenzbereiche erstreckt. Eine Sonderstellung nimmt die domänenspezifische Fachkompetenz ein. Da die Entwicklungen der jeweiligen Domäne in diesem Kompetenzbereich den Weiterbildungsbedarf beeinflusst, fällt dieser individuell aus: Während sich Bauberufe durch eine starke Dynamik auszeichnen (B1), wird der Weiterbildungsbedarf, bezogen auf Fachkenntnisse in den Chemieberufen (B4), als überwiegend konstant eingestuft.

Neben dem unterschiedlich empfundenen Weiterbildungsbedarf hinsichtlich der domänenspezifischen Fachkompetenz wird eine weitere Differenz im Weiterbildungsbedarf des betrieblichen Ausbildungspersonals je nach Dauer der eigenen Ausbildungstätigkeit deutlich. So sehen die befragten Einsteiger/-innen einen größeren Bedarf an Wissen und Informationen zur Gestaltung der Ausbildung, während erfahrene Ausbilder/-innen stärker das individuelle Lernen anhand der eigenen Bedarfe fokussieren.

> „Ich muss die Möglichkeit haben, meine individuellen Wünsche anzubringen. Weil, wie gesagt, allgemein, ich brauche jetzt nicht mehr Ohren mir angucken, das habe ich oft genug gemacht. [unv.] Mich interessiert dann etwas anderes" (B5, #0:51:30-0#).

Aus diesem Zitat wird ein Bedarf an individuell ausgerichteten Weiterbildungen deutlich, die gegebenenfalls unterschiedliche Kompetenzentwicklungsstufen (Einsteiger/-in versus Erfahrene/-r) ansprechen.

5.3 Zusammenfassung

Ausgehend von den dargestellten Interviewergebnissen und unter Berücksichtigung des nach SCHLUTZ (2006) bestehenden Zusammenhangs von Kompetenzanforderungen (erforderliche Kompetenzen), den beim Individuum vorhandenen Kompetenzen und des sich aus dieser Diskrepanz ergebenden Weiterbildungsbedarfs lassen sich folgende Aspekte zusammenfassend ableiten (Frage 1; vgl. Kapitel 1):

▶ In der Ausbildungsgestaltung stellen sich die Flexibilität und die Kooperationsbereitschaft als relevant dar, da Aufgaben auf verschiedene Personen und Institutionen verteilt werden und ausbildende Personen in ihrem Alltag unterschiedliche Rollen und Funktionen einnehmen.

▶ Aus den beschriebenen Herausforderungen des Ausbildungsalltags ergeben sich Kompetenzanforderungen aus den wahrgenommenen Eigenschaften und Verhaltensweisen von Auszubildenden, welche ein diversitätssensibles Handeln seitens der Ausbilder/-innen erfordern. Ein solches Handeln wird im Folgenden als Diversitätskompetenz[12] aufgegriffen. Damit geht die Notwendigkeit einher, die eigenen Werte und das Ausbildungshandeln zu reflektieren (Reflexions- und Lernbereitschaft).

---

12 Angelehnt an ABDUL-HUSSAIN/HOFMANN (2013) werden im Folgenden unter dem Begriff Diversitätskompetenz die Kompetenzen verstanden, die eine Person zum Umgang mit Gemeinsamkeiten und Unterschiedlichkeiten befähigen (z. B. diversitätstheoretisches Wissen).

▶ In allen drei untersuchten Hauptkategorien fallen die wiederholten Beschreibungen zur Methodenkompetenz auf. So werden in der berufspädagogischen Kompetenz das sozialpädagogische Handeln und der Umgang mit psychologischen Themen und Lernschwierigkeiten – im Folgenden als pädagogische Psychologie zusammengefasst – benannt. Ebenso treten Methoden, die sich auf die Förderung der Kompetenzen von Auszubildenden sowie Gesprächstechniken beziehen, hervor.

▶ Aus Sicht der befragten Expertinnen und Experten manifestiert sich die medienpädagogische Kompetenz gemäß der im letzten Kapitel dargestellten Beispiele ebenfalls in methodisch-didaktischen Kompetenzen (Mediendidaktik; B11, B12). Darüber hinaus werden Anwenderkenntnisse (B10) sowie ein Grundverständnis von digitalen Medien (B6) als relevant erachtet.

Die beschriebenen Kompetenzanforderungen und der Weiterbildungsbedarf erstrecken sich damit über alle Kompetenzbereiche der beruflichen Handlungskompetenz des betrieblichen Ausbildungspersonals (vgl. Kapitel 2.4). Die Bedeutung der Diversitätskompetenz stellt den wesentlichsten Unterschied zu den bisherigen Kompetenzdarstellungen und damit auch zum Kompetenzmodellentwurf aus Kapitel 3 dar. Dort wird bisher die interkulturelle Kompetenz aufgegriffen, um eine Kompetenz zum Umgang mit der Vielfalt der Auszubildenden im Ausbildungsalltag zu beschreiben (vgl. z. B. BONNES/BINKERT/GOLLER 2022). Die Aussagen der befragten Personen dieser Erhebung zur Charakterisierung ihrer Auszubildenden erfordern jedoch ein weiter gefasstes Verständnis, das über den Aspekt unterschiedlicher Kulturen hinausgeht und eine Vielzahl von Dimensionen zur Beschreibung von Vielfalt umfasst.

▶ 6 Finales Kompetenzmodell für betriebliches Ausbildungspersonal

Im Folgenden wird das in Kapitel 3 entworfene Kompetenzmodell für betriebliches Ausbildungspersonal anhand der Ergebnisse der Experteninterviews induktiv weiterentwickelt.

Zur Wiederholung zeigt Abbildung 9 noch einmal den Entwurf: Die berufliche Handlungskompetenz von Ausbildungspersonal ist grundlegend in die vier Kompetenzbereiche Fachkompetenz, Methodenkompetenz, Sozial- und Personalkompetenz sowie Medienkompetenz/Medienpädagogische Kompetenz strukturiert. Zu diesen Kompetenzbereichen werden wiederum verschiedene Dimensionen zur weiteren Operationalisierung ausgewiesen. Im Sinne der beitragsleitenden Fragen, wie die ausbildungsspezifischen Kompetenzanforderungen in einem Kompetenzmodell für Ausbildungspersonal ausgewiesen werden können und wie sich das Modell mit Kompetenzbeschreibungen operationalisieren lässt, werden die Erkenntnisse aus den Experteninterviews nun für Bestätigungen, aber auch für Modifikationen des Modellentwurfs genutzt.

Abbildung 9: Entwurf des Kompetenzmodells für betriebliches Ausbildungspersonal

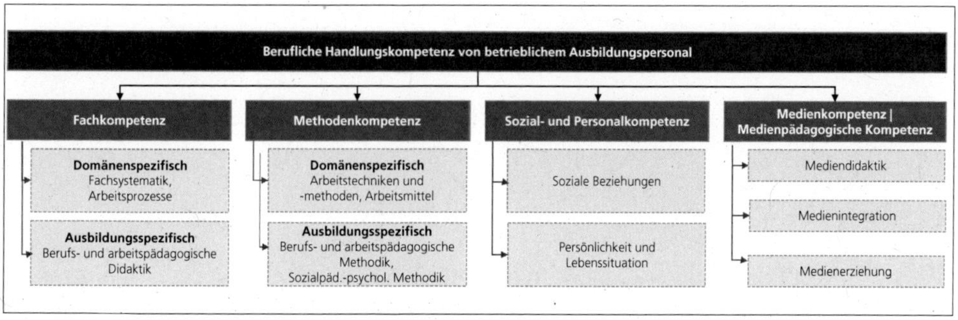

Quelle: eigene Darstellung

Grundsätzlich lässt sich festhalten, dass die Interviewergebnisse in ihrer Gesamtheit sehr gut den Fachdiskurs zur beruflichen Handlungskompetenz betrieblicher Ausbilder/-innen bezüglich der gestellten Kompetenzanforderungen in Richtung pädagogisch-didaktischer Kompetenz, Sozialkompetenz sowie IT-/Medienkompetenz und medienpädagogischer Kompetenz widerspiegeln und anschlussfähig an vorhandene Untersuchungen und Modellierungen (vgl. BONNES/BINKERT/GOLLER 2022; BLANK/NICKLICH/BAHL 2022) sind. Zugleich zeigen sich aber auch weitergehende und zum Teil neue Befunde, die in das Kompetenzmodell überführt bzw. bei der Finalisierung desselben berücksichtigt worden sind.

6.1   Kompetenzbereiche

6.1.1   Kompetenzbereich „(Domänenspezifische) Fach- und Methodenkompetenz"

In den Interviewergebnissen haben sich die Kompetenzbereiche Fachkompetenz und Methodenkompetenz bestätigt. Die Ergebnisse stützen zudem die Unterteilung der Fachkompetenz in einen domänenspezifischen (z. B. Fachwissen, Berufserfahrung) und einen ausbildungsspezifischen Teil (z. B. Vermitteln von Fachinhalten, sozialpädagogische Kompetenz). Auf der Strukturebene der Kompetenzbereiche wird daher die Unterscheidung der domänenspezifischen und der ausbildungsspezifischen Fachkompetenz aufrechterhalten.

Aus den vielfältigen Beschreibungen zu pädagogischen Methoden sowie der Mediendidaktik geht hervor, dass diese Einteilung auch auf die Methodenkompetenz übertragbar ist. So geht es in diesem Kompetenzbereich einerseits um die Anwendung berufsspezifischer Methoden und Verfahren zur Erledigung der Arbeitsaufträge. Im ausbildungsspezifischen Teil spielen wiederum Methoden zur Förderung der Kompetenzen von Auszubildenden im Ausbildungshandeln eine Rolle. Um dies im finalen Kompetenzmodell zu berücksichtigen, wurde die Trennung stärker als in den bisherigen Kompetenzmodellen für das betriebliche Ausbildungspersonal unterstrichen, indem die domänenspezifische Fachkompetenz und Methodenkompetenz zu einem Bereich zusammengefasst wurden. Die ausbildungsspezifischen Teilbereiche der Fachkompetenz sowie der Methodenkompetenz lassen sich der „Berufspädagogischen Kompetenz" zuordnen (vgl. Kapitel 6.1.2; s. Abb. 10).

Angelehnt an die Definition von HOWE/KNUTZEN (2021b) wurde der (domänenspezifischen) Fach- und Methodenkompetenz folgendes Verständnis zugrunde gelegt:

(Domänenspezifische) Fach- und Methodenkompetenz bezeichnet die Fähigkeit und Bereitschaft, in Bezug auf die eigene Domäne

▶ ausbildungsbezogene fachliche Aufgaben, Probleme und Herausforderungen theoriegeleitet, theoretisch fundiert und inhaltlich angemessen zu bewältigen und das Ergebnis in seiner Qualität zu beurteilen sowie
▶ unterschiedliche Techniken, Verfahren und Methoden sachgerecht, sachbezogen, systematisch und situationsangemessen zur erfolgreichen Bearbeitung von ausbildungsbezogenen fachlichen Aufgaben, Problemen und Herausforderungen anzuwenden.

Hierzu gehören

▶ das Wissen über fachsystematische Zusammenhänge und Strukturen,
▶ das Wissen über prozessuale Gesamtzusammenhänge,
▶ die erforderlichen praktischen Fertigkeiten,
▶ die Fähigkeit zur Verwendung der Fachsprache, einschließlich der Fachbegriffe, Normzeichen und -symbole sowie der etablierten Abstraktionen und Modelle,
▶ Arbeitstechniken wie das Planen und Organisieren,

▶ die Recherche, die Auswertung und die zielgerichtete Nutzung von Informationen sowie

▶ die Strukturierung, Dokumentation und Nutzung beruflicher Erlebnisse und Erfahrungen.

Der Kompetenzbereich „Domänenspezifische Fach- und Methodenkompetenz" lässt sich in dem skizzierten Verständnis nach in die folgenden Dimensionen differenzieren:

▶ Fachsystematik,

▶ Arbeitsprozesse,

▶ Praktische Fertigkeiten.

6.1.2 Kompetenzbereich „Berufspädagogische Kompetenz"

Der Teil der Fach- und Methodenkompetenz, der im Entwurf unter der Dimension „ausbildungsspezifisch" ausgewiesen wurde, wurde reorganisiert und dem neuen Kompetenzbereich „Berufspädagogische Kompetenz" zugeschlagen. Die Auslegung dieses Kompetenzbereichs ergibt sich in erster Linie aus den Schilderungen der befragten Ausbilder/-innen zu ihrem ausbildungsbezogenen Handeln. Insbesondere die häufigen Schilderungen zum notwendigen methodisch-didaktischen Vorgehen in der Ausbildungspraxis sowie dem zunehmend geforderten sozialpädagogischen Handeln unter Berücksichtigung psychologischer Aspekte kamen dabei zum Tagen. Diese wurden unter dem Begriff „pädagogische Psychologie" zusammengefasst.

Die Aspekte „rechtliche, betriebliche Rahmenbedingungen", „Führungskompetenz" und „betriebswirtschaftliches Handeln" sind Teil des theoretischen Modells und wurden unter Berücksichtigung des Kompetenzmodells, insbesondere angelehnt an die Kompetenzbereiche „Unternehmen und Ausbildungssystem" des Modells von WOLFF (2023), aufgeführt. Die Relevanz dieser Aspekte bestätigt sich in Einzelfällen der durchgeführten Experteninterviews, insbesondere aus den Darstellungen der betrieblichen Rahmenbedingungen, einzelnen Verweisen auf die Berücksichtigung der Ausbildungsrahmenpläne sowie den Schilderungen der befragten Geschäftsführer/-innen und Ausbildungsreferenten/-referentinnen zur Berücksichtigung betriebswirtschaftlicher Interessen und der Führungsverantwortung.

Im Ergebnis lässt sich aus den Ausführungen folgendes Verständnis der „Berufspädagogischen Kompetenz" ableiten:

Dieser Kompetenzbereich beschreibt die Fähigkeit und Bereitschaft,

▶ die Ausbildung im Hinblick auf die Förderung der beruflichen Handlungskompetenz von Auszubildenden zu gestalten (Ziel),

▶ ausbildungsspezifische Lehr- und Lernsituationen didaktisch-methodisch begründet zu entwickeln und umzusetzen,

▶ im Ausbildungsalltag systematisch und situationsangemessen pädagogisch zu handeln,

▶ pädagogisch-psychologische Aspekte zu berücksichtigen,

- berufs- und arbeitspädagogisches Wissen (Fachinhalte) einzubringen sowie
- ausbildungsbezogene Organisationsprozesse und Rahmenbedingungen mitzugestalten.

Hierzu gehören auch

- die Berücksichtigung rechtlicher, ausbildungsspezifischer Rahmenbedingungen und Vorgaben sowie
- Führungskompetenz und betriebswirtschaftliches Handeln.

Entsprechend dem dargestellten Verständnis der „Berufspädagogischen Kompetenz" ergeben sich hinsichtlich des finalen Kompetenzmodells folgende Dimensionen:

- Didaktik,
- Ausbildungsmethoden,
- Pädagogische Psychologie.

6.1.3 Kompetenzbereich „Diversitätskompetenz/Sozial- und Personalkompetenz"

Im Kompetenzmodellentwurf aus Kapitel 3 blieb die Frage offen, ob sich die Differenzierung in einen domänen- und einen ausbildungsspezifischen Teilbereich, wie er für die Fach- und Methodenkompetenz deutlich wurde, auch für die Sozial- und Personalkompetenz ergibt. Kompetenzmodelle zur beruflichen Handlungskompetenz weisen die Sozial- und Personalkompetenz für die Facharbeiter/-innen ebenso aus wie für Ausbilder/-innen. Inwieweit es hier einer Unterscheidung bedarf, wird indes aus den Interviewergebnissen nicht deutlich. Betont wird jedoch die hohe Relevanz der Sozial- und Personalkompetenz für das Ausbildungshandeln. Daher kann angenommen werden, dass in diesem Kompetenzbereich von einer anderen Ausprägung im Vergleich zur reinen Tätigkeit als Fachkraft auszugehen ist.

Offen ist außerdem, in welchem Verhältnis die Diversitätskompetenz (vgl. Kapitel 5.3) zu den anderen Bereichen der beruflichen Handlungskompetenz des betrieblichen Ausbildungspersonals steht. Abdul-Hussain/Hofmann (2013) verstehen unter Diversitätskompetenz „ein Bündel von Kompetenzen, das sich auf den Umgang mit Gemeinsamkeiten und Unterschiedlichkeiten bezieht. Sie erfordert fundiertes diversitätstheoretisches **Wissen** sowie systematische und laufende **Selbstreflexion** der eigenen Diversität. Zudem benötigt Diversitätskompetenz hohe **soziale Kompetenz** und die Fähigkeit, diese Qualitäten in der Anwendung von Diversitätsmanagement **umzusetzen**". Die aus der Definition hervorgehende Nähe der Diversitätskompetenz zur Sozial- und Personalkompetenz machen ein ganzheitliches Kompetenzverständnis notwendig (vgl. FRENCH/BOHNE 2017), das dafür spricht, diese Kompetenzbereiche zu bündeln.

Auf Grundlage der Ausführungen von ABDUL-HUSSAIN/HOFMANN (2013), FRENCH/BOHNE (2017) zu Diversitätskompetenz sowie HOWE/KNUTZEN (2021b) zur Sozial- und Personalkompetenz wird diesem Kompetenzbereich folgendes Verständnis zugrunde gelegt:

Diversitätskompetenz/Sozial- und Personalkompetenz bezeichnet die Fähigkeit und Bereitschaft,

▶ in der Ausbildungspraxis soziale Beziehungen zu erfassen und zu verstehen, sich mit anderen rational, verantwortungsbewusst und wertschätzend auseinanderzusetzen und die Zusammenarbeit mit ihnen auf das Ausbildungsziel auszurichten,
▶ sich als individuelle Persönlichkeit weiterzuentwickeln und die eigene Rolle als ausbildende Person im jeweiligen betrieblichen, institutionellen und beruflichen Kontext eigenständig und selbstverantwortlich zu gestalten sowie
▶ in der Ausbildungspraxis wertschätzend, anerkennend und vorurteilsfrei mit gesellschaftlicher Vielfalt umzugehen.

Hierzu gehört auch

▶ die Entwicklung von diversitätssensiblen Wertvorstellungen, sozialer Verantwortung und Solidarität,
▶ Selbstvertrauen und Selbstständigkeit, Verantwortungsbewusstsein, Reflexivität und Kritikfähigkeit sowie
▶ die Fähigkeit, bewusste und theoriegeleitete Analysen und systematische Reflexionen zu Strukturen, Gruppensituationen, Denksystemen und Organisationen aus Diversitätsperspektive vornehmen und entsprechende Handlungen ableiten zu können.

Das skizzierte Verständnis differenziert sich mit Blick auf das finale Kompetenzmodell in die folgenden Dimensionen:

▶ Soziale Beziehungen und Verantwortung,
▶ Eigene Persönlichkeit und Lebenssituation,
▶ Diversität und Diversitätssensibilität.

6.1.4 Kompetenzbereich „Medienpädagogische Kompetenz"

Mit Blick auf die medienpädagogische Kompetenz weisen die Interviewergebnisse keine neuen Erkenntnisse auf. Aus den Schilderungen zu den Weiterbildungsbedarfen geht vielmehr die Bestätigung der bereits bei HÄRTEL u. a. (2018) skizzierten Kompetenzdimensionen hervor. Hierzu gehören nicht nur die medienerzieherische Kompetenz, sondern auch die Grund- und Anwenderkenntnisse im Umgang mit Medien (vgl. Kapitel 5.2.4). Diese Aspekte können, im Sinne des Modells von HÄRTEL u. a. (2018), als Teil der individuellen Medienkompetenz und damit als Basis für medienpädagogisches Handeln aufgefasst werden (vgl. ebd., S. 15). Im Ergebnis wird im angestrebten Kompetenzmodell das Verständnis der medienpädagogischen Kompetenz dieses Modells beibehalten.

HÄRTEL u. a. (2018) zufolge lässt sich die medienpädagogische Kompetenz definieren als

„Fähigkeit und Bereitschaft,

▶ zur begründeten, reflektierten Auswahl, Verwendung und Weiterentwicklung von digitalen Medien zur Steigerung der Qualität und Effektivität von beruflichen Lehr-Lern-Prozessen unter Berücksichtigung der Lebenswelt der Auszubildenden" (ebd., S. 22; mediendidaktische Kompetenz),
▶ „die gesellschaftliche und individuelle Bedeutung von Medien und Digitalisierung vor dem Hintergrund berufspädagogischer und betrieblicher Leitideen in beruflichen Lehr-Lern-Prozessen kritisch-reflektiert zu behandeln, um einen Beitrag zur Medienerziehung der Auszubildenden zu leisten" (ebd., S. 23; medienerzieherische Kompetenz) und
▶ „zur Berücksichtigung sowie innovativen Gestaltung der betrieblichen Organisationsprozesse und Rahmenbedingungen für die Einbindung digitaler Medien in berufliche Lehr-Lern-Prozesse" (ebd.; medienintegrative Kompetenz).

Hierzu gehört auch

▶ die individuelle Medienkompetenz als notwendige, aber nicht hinreichende Voraussetzung (ebd.).

Aufbauend auf diesem Verständnis und Kompetenzmodell werden im angestrebten Kompetenzmodell die folgenden Dimensionen beibehalten:

▶ Mediendidaktik,
▶ Medienerziehung,
▶ Medienintegration.

6.1.5 Zwischenfazit

Im finalen Modell ergeben folgende Kompetenzbereiche die zweite Ebene der Modellstruktur:

▶ Fach- und Methodenkompetenz (Domäne),
▶ Berufspädagogische Kompetenz,
▶ Sozial- und Personalkompetenz/Diversitätskompetenz,
▶ Medienkompetenz/Medienpädagogische Kompetenz.

Die Kompetenzbereiche beinhalten die in der Fachtheorie sowie über die Experteninterviews identifizierten Kompetenzdimensionen (vgl. Kapitel 3 und 5). Im Falle der Fach- und Methodenkompetenz wird das Verständnis von HOWE/KNUTZEN (2021b) beibehalten. Zur Sozial- und Personalkompetenz werden, angelehnt an die Definition von ABDUL-HUSSAIN/HOFMANN (2013), die Diversität und die Diversitätssensibilität als Kategorie integriert. Die berufspädagogische Kompetenz beinhaltet, wie aufgeführt, die über die Berufsfachlichkeit hinausgehenden Kompetenzen in den Kategorien Didaktik und Ausbildungsmethoden. Hierzu zählt außerdem die pädagogische Psychologie. Das Verständnis der medienpädagogischen Kompetenz nach HÄRTEL u. a. (2018) bleibt bestehen. Der Kompetenzbereich wird jedoch um die Medienkompetenz ergänzt, um die in den Interviews benannten allgemeinen medienbezogenen Kompetenzen wie Anwenderkenntnisse sowie Umgang mit Medien stärker zu betonen. Zusammenfassend ergibt sich folgende Modellstruktur:

Abbildung 10: Kompetenzbereiche und -dimensionen des Kompetenzmodells

Quelle: eigene Darstellung

Die Modellstruktur spezifiziert die drei Ebenen der in Kapitel 3 dargestellten theoretisch hergeleiteten Modellstruktur:

I) Übergeordnete Bezeichnung
II) Kompetenzbereiche
III) Kompetenzdimensionen

Um nun in Bezug auf die Kompetenzbereiche und Dimensionen zu konkreten Kompetenzbeschreibungen kommen zu können, werden im Folgenden die für das Ausbildungshandeln typischen Handlungsfelder hergeleitet und differenziert dargestellt.

6.2 Handlungsfelder

Die Darstellung von Kompetenzen in einer Kompetenzstruktur lädt dazu ein, Kompetenzen und die ihr zugeordneten Elemente lediglich als Aufzählung bzw. als Katalog darzulegen. Dabei greift eine rein listenförmige Darstellung inhaltlich zu kurz, wenn es darum geht zu verdeutlichen, dass die dargestellten Kompetenzen von Ausbildern und Ausbilderinnen in unterschiedlichen Anwendungskontexten benötigt bzw. angeeignet oder weiterentwickelt werden. Um diese beiden Aspekte aufzugreifen, wird für das in dem hier vorgestellten Vorhaben entwickelte Kompetenzmodell eine differenzierte Beschreibung der Kompetenzbereiche unter Berücksichtigung der beruflichen Praxis vorgenommen.

Um zu aussagekräftigen Kompetenzbeschreibungen im Sinne einer Operationalisierung zu kommen, wird das Vorgehen nach HÄRTEL u. a. (2018), sich am Prozess der Kompetenzaneignung zu orientieren (vgl. Kapitel 2.4.6, insbesondere Abbildung 6), aufgegriffen und für alle Kompetenzbereiche adaptiert. Zur Erinnerung: Nach HÄRTEL u. a. ergeben sich folgende Handlungsfelder, in denen Ausbildungspersonal Kompetenzen erwirbt bzw. Kompetenzen für die Bewältigung der sich hier stellenden Herausforderungen benötigt:

▸ Bedingungen für medienpädagogisches Handeln erkennen und berücksichtigen.
▸ Ansätze für medienpädagogisches Handeln identifizieren und einschätzen.
▸ Vorhandene Beispiele für medienpädagogisches Handeln identifizieren und einschätzen.
▸ Eigene Angebote für medienpädagogisches Handeln entwickeln, umsetzen und bewerten.

Die Überlegungen von HÄRTEL u. a. (2018) ließen sich über die Beschreibungen der Ausbildungspraxis aus den Experteninterviews (vgl. Kapitel 5) validieren, weiter ausdifferenzieren und zum Teil auch erweitern. Als ein zentrales Ergebnis der Experteninterviews lässt sich feststellen, dass sich die von HÄRTEL u. a. exklusiv für das medienpädagogische Handeln des Ausbildungspersonals angenommenen Handlungsfelder der Kompetenzaneignung und -anwendung grundsätzlich auf das gesamte Ausbildungshandeln von Ausbildern und Ausbilderinnen übertragen lassen.

Wie sich in den Interviews zeigte, erweisen sich die Aufgaben und Tätigkeiten des betrieblichen Ausbildungspersonals je nach Ausbildungsberuf, Einsatzort und zugewiesener Funktion naturgemäß als spezifisch und dementsprechend im Detail verschieden. Eine hohe Übereinstimmung findet sich hingegen, wenn man diese Aufgaben und Tätigkeiten in Form von Handlungsfeldern verallgemeinert und dekontextualisiert. Hier bestätigt sich ein Phänomen, das aus der berufswissenschaftlichen Diskussion um Berufliche Handlungsfelder bekannt ist. Während sich berufliche Tätigkeiten von Fachkräften im Einzelnen unterscheiden, weisen die übergeordneten Aufgabenbereiche – die Beruflichen Handlungsfelder – eine sehr große Übereinstimmung und Stabilität auf (vgl. HOWE/KNUTZEN 2021b). So empfiehlt auch der Hauptausschuss des BIBB in seiner „Arbeitshilfe zur Umsetzung der HA-Empfehlung Nr. 160 zur Struktur und Gestaltung von Ausbildungsordnungen" (BIBB 2016) der Berufskonstruktion Berufliche Handlungsfelder zugrunde zu legen. Dieser Sachverhalt wird auch für die weitere Operationalisierung des Kompetenzmodells für betriebliches Ausbildungspersonal genutzt.

Mit der Referenz der Handlungsfelder nach HÄRTEL u. a. (2018) und unter Berücksichtigung und Einarbeitung der Ergebnisse der Experteninterviews ergeben sich folgende Handlungsfelder für betriebliches Ausbildungspersonal:

6.2.1 Handlungsfeld 1: Rahmenbedingungen für das Ausbildungshandeln erkennen und berücksichtigen

Dieses Handlungsfeld ist grundsätzlich unverändert aus dem Handlungsfeld „Bedingungen für medienpädagogisches Handeln erkennen und berücksichtigen" von HÄRTEL u. a. (2018) hervorgegangen. Betriebliches Ausbildungspersonal muss als Voraussetzung für seine Ausbildungsplanung und -gestaltung um die Ordnungsmittel (Ausbildungsordnung, Unterweisungspläne, Rahmenlehrplan) wissen, betriebliche und gesetzliche Rahmenbedingungen berücksichtigen und die Zielgruppe der eigenen Auszubildenden kennen.

6.2.2 Handlungsfeld 2: Ziele und Inhalte der Ausbildung festlegen und begründen

Ein im Vergleich zu HÄRTEL u. a. (2018) neues Handlungsfeld, das sich aus den Aussagen der Experten und Expertinnen ableiten lässt, ist das Handlungsfeld „Ziele und Inhalte der Ausbildung festlegen und begründen". Vor dem Hintergrund der arbeitsorientierten Wende und den damit einhergehenden Herausforderungen der Prozess- und Kompetenzorientierung muss eine Ausbildungskraft in der Lage sein, aus den Ordnungsmitteln und unter Berücksichtigung der weiteren Rahmenbedingungen (Handlungsfeld 1) kompetenzorientierte Ziele und darauf bezogene Inhalte der Ausbildung begründet zu bestimmen.

6.2.3 Handlungsfeld 3: Methoden und Medien identifizieren und auswählen

Neben der Festlegung von Zielen und Inhalten gehören die Auswahl von Ausbildungsmethoden und -medien zu den alltäglich zu treffenden didaktischen Entscheidungen von Ausbildungskräften. Dementsprechend leitet sich aus den Rückmeldungen der Interviewpartner/-innen ein eigenes Handlungsfeld ab. Ausbildungspersonal muss in der Lage sein, ausbildungsgeeignete, zu den Zielen und Inhalten einer Ausbildungsmaßnahme passende und aufeinander abgestimmte Methoden und Medien auszuwählen.

6.2.4 Handlungsfeld 4: Ausbildungsbeispiele einschätzen und adaptieren

Die Interviewpartner/-innen verdeutlichten, dass sie das „Rad der Ausbildung" nicht immer wieder neu erfänden, und bestätigen damit das gleichnamige Handlungsfeld von HÄRTEL u. a. (2018). Vielmehr suchten sie nach Beispielen guter, erfolgreicher Praxis von Kollegen und Kolleginnen, auf Austauschplattformen oder bei Verlagen und Lehrmittelherstellern. Solche recherchierten Beispiele müssen in einem ersten Schritt in ihrem Gebrauchswert für die eigene Ausbildung eingeschätzt werden, um dann in einem zweiten Schritt an die eigenen Ausbildungsbedingungen und -spezifika angepasst zu werden.

6.2.5 Handlungsfeld 5: Ausbildung planen und umsetzen

Bei diesem Handlungsfeld, das sich auf das Handlungsfeld „Eigene Angebote für medienpädagogisches Handeln entwickeln, umsetzen und bewerten" von HÄRTEL u. a. (2018) zurückführen lässt, handelt es sich letztendlich um das „Kerngeschäft" von betrieblichem Ausbildungspersonal. Es geht darum, unter Berücksichtigung der Rahmenbedingungen mit Blick auf die festgelegten Ziele und Inhalte und unter Nutzung der ausgewählten Methoden und Medien Ausbildungsmaßnahmen und den betrieblichen Ausbildungsverlauf so zu gestalten, dass die Auszubildenden berufliche Handlungskompetenz erwerben können.

6.2.6 Handlungsfeld 6: Ausbildung reflektieren

Der Aspekt der Reflexion ist bei HÄRTEL u. a. (2018) in andere Handlungsfelder integriert. Nach den Ergebnissen der Experteninterviews besitzt die Aufgabe, sowohl das eigene Ausbildungshandeln und die Zielerreichung der eigenen berufspädagogischen Handlungsweise als auch die Einschätzung der Kompetenzentwicklung der Auszubildenden, für Ausbildungspersonal aber eine so große Relevanz, dass diesem Bereich ein eigenes Handlungsfeld „Ausbildung reflektieren" zu widmen ist.

Im Ergebnis entstehen damit sechs Handlungsfelder (vgl. Abb. 11), die miteinander verknüpft sind. Sie werden im gesamten Ausbildungsverlauf von den Ausbildern und Ausbilderinnen iterativ durchlaufen, um den Ausbildungsalltag bestmöglich an dem Ziel auszurichten, die berufliche Handlungskompetenz der Auszubildenden zu fördern.

Abbildung 11: Handlungsfelder von betrieblichem Ausbildungspersonal

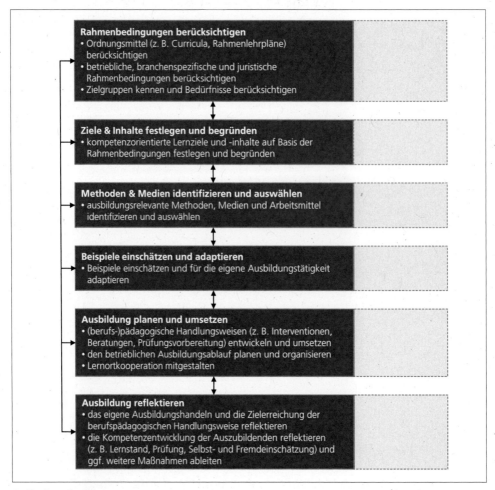

Quelle: eigene Darstellung

6.3   Kompetenzbeschreibungen

Für das Kompetenzmodell eignen sich die im letzten Kapitel hergeleiteten und skizzierten Handlungsfelder in besonderer Weise, um die Kompetenzbereiche weiter zu operationalisieren und ihnen Kompetenzbeschreibungen hinzuzufügen.

Werden nämlich die Handlungsfelder auf die Kompetenzbereiche und deren Dimensionen bezogen, entsteht für das Kompetenzmodell im Ergebnis eine Matrix, deren Matrixfelder sich zur weiteren Operationalisierung der beruflichen Handlungskompetenz von betrieblichem Ausbildungspersonal im Detail beschreiben lassen (vgl. Abb. 12).

Mit dem in Matrixform dargestellten Kompetenzmodell lässt sich nun berufliche Handlungskompetenz von betrieblichem Ausbildungspersonal sehr differenziert darstellen, indem zu jedem Matrixfeld eine entsprechende Kompetenzbeschreibung angefertigt wird. In der Summe entsteht auf diese Weise ein idealtypisches Kompetenzprofil:

6.3.1   Fach- und Methodenkompetenz (domänenspezifisch)

6.3.1.1 Rahmenbedingungen berücksichtigen

Der Ausbilder/die Ausbilderin ist bereit und fähig, sachbezogen, fachlich fundiert sowie systematisch und situationsangemessen an der Akquise, Auswahl und Einstellung von Auszubildenden mitzuwirken sowie ausbildungsrelevante Informationen aus den Ordnungsmitteln der Ausbildung fachlich zu analysieren. Er/sie kennt und berücksichtigt ausbildungs- und betriebsrelevante Vorgaben, Bestimmungen und Gesetze und kann die Durchführbarkeit der Ausbildung im eigenen Betrieb fachlich einzuschätzen.

6.3.1.2 Ziele und Inhalte festlegen und begründen

Der Ausbilder/die Ausbilderin ist bereit und fähig, sachbezogen, fachlich fundiert sowie systematisch und situationsangemessen und unter Berücksichtigung der Rahmenbedingungen eine lernzielorientierte Kurs- bzw. Einsatzplanung von Auszubildenden vorzunehmen.

6.3.1.3 Methoden und Medien identifizieren und auswählen

Der Ausbilder/die Ausbilderin ist bereit und fähig, sachbezogen, fachlich fundiert sowie systematisch und situationsangemessen und unter Berücksichtigung der Rahmenbedingungen und Ziele Ausbildungsmethoden und -medien in ihrer Ausbildungsrelevanz einzuschätzen und in die Ausbildungssituation zu integrieren.

6.3.1.4 Beispiele einschätzen und adaptieren

Der Ausbilder/die Ausbilderin ist bereit und fähig, sachbezogen, fachlich fundiert sowie systematisch und situationsangemessen Ausbildungsmodelle zu recherchieren und ihre Eignung für die eigenen Herausforderungen zu beurteilen und für die eigene Ausbildungstätigkeit zu adaptieren.

Abbildung 12: Finales Kompetenzmodell für betriebliches Ausbildungspersonal

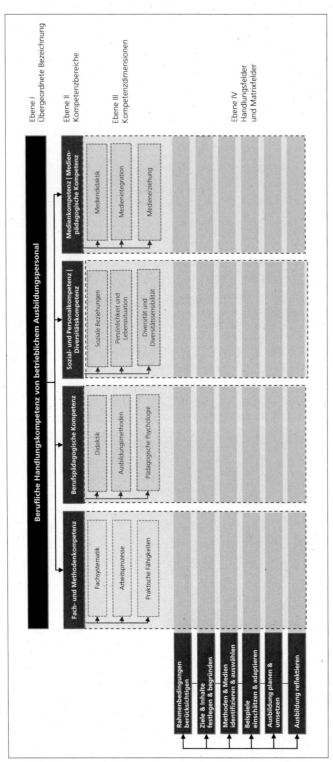

Quelle: eigene Darstellung

6.3.1.5 Ausbildung planen und umsetzen

Der Ausbilder/die Ausbilderin ist bereit und fähig, sachbezogen, fachlich fundiert sowie systematisch und situationsangemessen die Qualität der Arbeitsergebnisse von Auszubildenden einzuschätzen und Fehler zu erkennen. Er/sie ist in der Lage, die Auszubildenden fachlich und systematisch anzuleiten, um sie bei der Lösung der beruflichen Anforderungen zu unterstützen.

6.3.1.6 Ausbildung reflektieren

Der Ausbilder/die Ausbilderin ist bereit und fähig, sachbezogen, fachlich fundiert sowie systematisch und situationsangemessen vorhandene Kompetenzentwicklungsstände der Auszubildenden einzuschätzen, weitere Kompetenzentwicklungsmaßnahmen (z. B. Schulung) abzuleiten, die Auszubildenden auf ihre Zwischen- und Abschlussprüfung vorzubereiten sowie sie beim Übergang von der Ausbildung in den Regelberuf zu beraten und zu unterstützen (Lehr-/Lernprozesse der Auszubildenden).

Der Ausbilder/die Ausbilderin ist bereit und fähig, die eigene Fach- und Methodenkompetenz einzuschätzen und ggf. bestehende Lücken zu identifizieren (eigene Ausbildungstätigkeit).

6.3.2 Berufspädagogische Kompetenz

6.3.2.1 Rahmenbedingungen berücksichtigen

Der Ausbilder/die Ausbilderin ist bereit und fähig, die in den Ordnungsmitteln aufgeführten Ausbildungsziele und -inhalte auf die betrieblichen Rahmenbedingungen (Berücksichtigung der zeitlichen und räumlichen Gegebenheiten, der Auszubildendengruppe und der Kommunikationsstrukturen) zu übertragen. Er/sie ist in der Lage, einen betrieblichen Ausbildungsplan zu erstellen. Dabei berücksichtigt er/sie die unterschiedlichen Lernorte der Berufsausbildung (Berufsbildende Schule (BBS), ÜBA, Partnerbetriebe etc.).

6.3.2.2 Ziele und Inhalte festlegen und begründen

Der Ausbilder/die Ausbilderin ist bereit und fähig, unter Berücksichtigung der Rahmenbedingungen und mit Blick auf die Förderung der beruflichen Handlungskompetenz der Auszubildenden Lerninhalte auszuwählen und Lernziele zu definieren. Er/sie ist in der Lage, Lernziele z. B. nach Abstraktionsgraden (z. B. Grob-Richtziel) oder Lernlogik (z. B. bekannt–unbekannt, leicht–schwer) abzuleiten, zu formulieren und in der Kurs- bzw. Einsatzplanung zu berücksichtigen. Er/sie ist bereit und fähig, die Lerninhalte und -ziele sowohl anhand der Arbeitsprozesse und Arbeitsaufgaben (prozessorientiert) als auch unter Berücksichtigung der Fachsystematik auszuwählen und zu formulieren.

6.3.2.3 Methoden und Medien identifizieren und auswählen

Der Ausbilder/die Ausbilderin ist bereit und fähig, dem Ausbildungsziel angemessene Ausbildungsmethoden der pädagogischen Psychologie sowie berufs- und arbeitspädagogische Instrumente, Arbeits- und Hilfsmittel auszuwählen. Er/sie ist in der Lage, die Methoden,

Instrumente, Arbeits- und Hilfsmittel, orientiert an der beruflichen Realität (Arbeits- und Geschäftsprozesse), auszuwählen und sie mit fachsystematischen Inhalten zu verzahnen.

6.3.2.4 Beispiele einschätzen und adaptieren

Der Ausbilder/die Ausbilderin ist bereit und fähig, vorhandene Beispiele guter Ausbildungspraxis zu recherchieren und sich über andere Ausbildungspraktiken und -modelle zu informieren. Er/sie kann beurteilen, inwieweit die Beispiele geeignet sind, um die sich aus den eigenen Rahmenbedingungen ergebenden Anforderungen zu erfüllen und sie angepasst im eigenen Ausbildungsalltag praktisch umzusetzen.

6.3.2.5 Ausbildung planen und umsetzen

Der Ausbilder/die Ausbilderin ist bereit und fähig, Lernanlässe zu schaffen und den Lernprozess der Auszubildenden in angemessenem Umfang zu begleiten. Dabei ist er/sie in der Lage, Interventionsanlässe (z. B. Lernprobleme, persönliche Problemlagen) zu erkennen und situationsangemessene Maßnahmen (z. B. Beratungsgespräche, Anleitungs- und Unterweisungsmaßnahmen, Lernortkooperation) unter Berücksichtigung der Methoden, Medien und Beispiele einzuleiten und umzusetzen.

Der Ausbilder/die Ausbilderin bringt eigene Expertise und eigene Erfahrung in die Weiterentwicklung der zukünftigen Ausbildungsjahrgänge im Betrieb bzw. der Bildungsinstitution ein.

6.3.2.6 Ausbildung reflektieren

Der Ausbilder/die Ausbilderin ist bereit und fähig, mithilfe der identifizierten und ausgewählten Ausbildungsmethoden und -medien zu ausgewählten Zeitpunkten der Ausbildung (z. B. Zwischen- und Abschlussprüfung) gemeinsam mit den Auszubildenden den Ausbildungsstand der Auszubildenden vor dem Hintergrund der Gesamtausbildung einzuschätzen, zu erfragen und in Beziehung zum aktuellen Ausbildungsgeschehen zu setzen (Lehr-/Lernprozesse der Auszubildenden).

Der Ausbilder/die Ausbilderin ist bereit und fähig, die unterschiedlichen Ausbildungsmethoden und -medien sowie Vorgehensweisen und Maßnahmen auf ihre Wirkung hin einzuschätzen, anzupassen und ggf. flexibel miteinander zu kombinieren (eigenes berufspädagogisches Vorgehen).

6.3.3 Diversitätskompetenz/Sozial- und Personalkompetenz

6.3.3.1 Rahmenbedingungen berücksichtigen

Der Ausbilder/die Ausbilderin ist bereit und fähig, sich bei der Ausbildungsplanung die Ausbildungsstrukturen, die zukünftige Gruppensituation sowie im Betrieb bzw. in der Bildungsinstitution bestehende Denk- und Handlungssysteme unter Berücksichtigung diversitätsrelevanter Aspekte bewusst zu machen.

6.3.3.2 Ziele und Inhalte festlegen und begründen

Der Ausbilder/die Ausbilderin ist bereit und fähig, bei der Festlegung der Lernziele und -inhalte die individuellen Kompetenzentwicklungsbedarfe (z. B. ggf. in Schwerpunkten) der Auszubildenden unter Rückbezug auf die Rahmenbedingungen einzuschätzen.

6.3.3.3 Methoden und Medien identifizieren und auswählen

Der Ausbilder/die Ausbilderin berücksichtigt bei der Auswahl ausbildungsrelevanter Methoden, Medien und Vorgehensweisen die kulturelle, soziale, geschlechtliche und religiöse Diversität der Auszubildenden. Er/sie ist in der Lage, diese situationsangemessen sowie an den individuellen Entwicklungsständen (z. B. Krisen, Lernschwäche, Förderung) der Auszubildenden auszurichten und für den eigenen Kontext zu adaptieren.

6.3.3.4 Beispiele einschätzen und adaptieren

Der Ausbilder/die Ausbilderin ist in der Lage, vorhandene Beispiele guter Praxis für diversitätssensibles Gestalten der Ausbildung zu recherchieren, zu analysieren und sich hierzu in Netzwerken mit anderen Ausbilderinnen und Ausbildern auszutauschen oder ggf. im Sinne der Lernortkooperation zusammenzuarbeiten. Er/sie kann beurteilen, inwieweit die Beispiele geeignet sind, um die sich aus den Rahmenbedingungen ergebenden Anforderungen zu erfüllen und inwieweit diese Beispiele im eigenen Ausbildungsalltag praktisch umsetzbar sind.

6.3.3.5 Ausbildung planen und umsetzen

Der Ausbilder/die Ausbilderin ist bereit und fähig, im Ausbildungsgeschehen situationsangemessen die soziokulturellen Hintergründe der Auszubildenden zu berücksichtigen. Er/sie ist in der Lage, Ausbildungsmaßnahmen adressatengerecht und unter Berücksichtigung wertschätzender Umgangsformen durchzuführen sowie soziale Beziehungen zwischen Auszubildenden bzw. zwischen Auszubildenden und dem ausbildenden Personal zu gestalten (z. B. Konflikte lösen, Feedbackgespräche führen, weitere Verantwortliche hinzuziehen). Dabei ist er/sie bereit und fähig, mit den weiteren Verantwortlichen unter Berücksichtigung ihrer Funktion im Betrieb zusammenzuarbeiten.

Der Ausbilder/die Ausbilderin ist bereit und fähig, sich mit der Rolle der ausbildenden Person zu identifizieren, und kann den Auszubildenden in allen ausbildungsrelevanten Bereichen ein Vorbild sein.

Der Ausbilder/die Ausbilderin ist bereit und fähig, arbeits- und betriebsrelevante Regeln und Vorgaben (z. B. Arbeitsrecht) und Arbeitsaufträge den Auszubildenden klar verständlich zu erläutern sowie deren Umsetzung durchzusetzen.

6.3.3.6 Ausbildung reflektieren

Der Ausbilder/die Ausbilderin ist bereit und fähig, Reflexionsanlässe und Gesprächssituationen mit den Auszubildenden wertfrei und unter Berücksichtigung diversitätsrelevanter Aspekte zu gestalten. Er/sie kann dabei den Auszubildenden in unterschiedlichen Situationen adäquate Rückmeldungen geben und zu ihrer Kompetenzentwicklung beitragen (Lehr-/Lernprozesse der Auszubildenden).

Der Ausbilder/die Ausbilderin ist bereit und fähig, das eigene ausbildungsbezogene Handeln sowie die eigenen Werte zu reflektieren. Er/sie geht respektvoll und kritikfähig mit Rückmeldungen der Auszubildenden oder Kolleginnen und Kollegen um und entwickelt im Bedarfsfall Maßnahmen zur eigenen Kompetenzentwicklung (eigenes berufspädagogisches Vorgehen).

6.3.4   Medienpädagogische Kompetenz

6.3.4.1 Rahmenbedingungen berücksichtigen

Der Ausbilder/die Ausbilderin differenziert verschiedene ausbildungsrelevante Medien und überblickt deren didaktische sowie betriebliche Einsatzmöglichkeiten (z.B. betriebliche Rahmenbedingungen). Dabei kann er/sie das Mediennutzungsverhalten der Auszubildenden erfassen und die Bedeutung für die Sozialisation, Erziehung und Bildung der Auszubildenden erkennen.

6.3.4.2 Ziele und Inhalte festlegen und begründen

Der Ausbilder/die Ausbilderin ist bereit und fähig, verschiedene Lernmedien als Instrumente einzuschätzen und einzusetzen sowie festgelegte Lerninhalte medial angemessen aufzubereiten, um festgelegte Lernziele adäquat zu erreichen.

6.3.4.3 Methoden und Medien identifizieren und auswählen

Der Ausbilder/die Ausbilderin ist bereit und fähig, notwendige bzw. geeignete Arbeitsmittel und Ausbildungsmedien unter Berücksichtigung mediendidaktischer und medienerzieherischer Ansätze auszuwählen und in das Ausbildungsgeschehen zu integrieren. Dabei nutzt er/sie das eigene technische Verständnis zur Lösung von technischen Problemen.

6.3.4.4 Beispiele einschätzen und adaptieren

Der Ausbilder/die Ausbilderin ist bereit und fähig, vorhandene Medienangebote und Praxisbeispiele zum Medieneinsatz in der Ausbildung zu recherchieren und zu analysieren. Er/sie kann beurteilen, inwieweit die Beispiele geeignet sind, um die sich aus den eigenen Rahmenbedingungen ergebenden Anforderungen zu erfüllen, und inwieweit diese Beispiele im eigenen Ausbildungsalltag praktisch umsetzbar sind.

6.3.4.5 Ausbildung planen und umsetzen

Der Ausbilder/die Ausbilderin ist bereit und fähig, verschiedene medienpädagogische Ansätze zu analysieren und die eigenen Erfahrungen und Einsichten bei der Einführung bzw. Implementation medienpädagogischer Konzepte in die Betriebsstrukturen aktiv einzubringen. Er/sie kann eine Strategie für die Einführung und Implementation medienpädagogischer Konzepte entwickeln.

Der Ausbilder/die Ausbilderin ist bereit und fähig, eigene mediengestützte Ausbildungsmaßnahmen unter Berücksichtigung mediendidaktischer und medienerzieherischer Aspekte zu gestalten und umzusetzen.

6.3.4.6 Ausbildung reflektieren

Der Ausbilder/die Ausbilderin ist bereit und fähig, zu ausgewählten Zeitpunkten bzw. nach Umsetzung einer mediengestützten Ausbildungsmaßnahme diese in ihrer Tragweite und ihrem Erfolg zu reflektieren und zu bewerten. Er/sie ist in der Lage, die für die Umsetzung der mediengestützten Ausbildungsmaßnahmen entwickelte Strategie auf ihren Erfolg hin zu reflektieren und ggf. Anpassungen vorzunehmen.

6.4   Kompetenzentwicklungsstufen

Das bisherige Modell stellt eine Kompetenzstruktur dar, die darauf ausgelegt ist, die Kompetenzen des betrieblichen Ausbildungspersonals darzustellen und zueinander abzugrenzen. Über die Kompetenzausprägungen kann über die Struktur jedoch noch keine Aussage erfolgen. Eine weitere Operationalisierung in Kompetenzentwicklungsstufen ist für unterschiedliche Anwendungsfelder in der Berufsbildung, aber auch im betrieblichen Alltag sinnvoll, um beispielsweise Kompetenzprofile für Ausbilder/-innen zu erstellen oder Weiterbildungsangebote und -materialien nach Kompetenzausprägungen zu differenzieren.

Die zu diesem Zweck angewandten Kompetenzentwicklungsstufen „Reproduktion", „Reorganisation" und „Transfer" sind auch für dieses Modell tragfähig, da sie sich in den Schilderungen der befragten Ausbilder/-innen widerspiegeln. So zeigte sich in den Interviews, dass sich die Anforderungen und Weiterbildungsbedarfe von Einsteigern und Einsteigerinnen von denen der erfahrenen Ausbilder/-innen grundlegend unterscheiden. Einsteiger/-innen äußern stärker den Aspekt, zunächst einmal Wissen und Information zu erhalten und zu verstehen, während erfahrene Ausbilder/-innen ihre Kompetenzen zu ausgewählten Themen gezielt erweitern und anpassen (vgl. Kapitel 5.2.5).

Zur Wiederholung seien noch einmal die in Kapitel 2.3.5 vorgestellten Definitionen der drei Entwicklungsstufen genannt:

1. **Reproduktion:** Personen auf dieser Kompetenzentwicklungsstufe sind in der Lage, Gelerntes aus dem Gedächtnis wiederzugegeben und ohne weitere kontextspezifische Anpassungen anzuwenden. Sie führen bereits bekannte Arbeitstechniken und -methoden auf Basis von Leitfäden oder Vorschriften aus. Bei Personen dieser Kompetenzentwicklungsstufe handelt es sich in der Regel um Einsteigerinnen und Einsteiger. Kompetenzen dieser Stufe können als Grundlage für alle folgenden Stufen angesehen werden.

2. **Reorganisation:** Kompetenzausprägungen dieser Kompetenzentwicklungsstufe beziehen sich auf das selbstständige Nutzen, (Weiter-)Entwickeln und (Re-)Strukturieren bzw. angepasste Anordnen bereits bekannter Inhalte. Das umfasst das Anwenden gelernter Inhalte und bereits erworbener Erfahrungen sowie bekannter Methoden und Arbeitsmittel auf vergleichbare bzw. ähnliche Problemstellungen. Diese Problemstellun-

gen zeichnen sich dadurch aus, dass sie neue, sich aus einem geänderten Kontext ergebende Anforderungen aufweisen.

3. **Transfer und Problemlösung:** Personen auf dieser Kompetenzentwicklungsstufe bewältigen für sie neue Problemstellungen auch aus ihnen bislang tendenziell fremden
Anwendungsbereichen. Sie übertragen Gelerntes und bereits erworbene Erfahrungen
planvoll auf neue Bereiche. Auf dieser Basis entwickeln sie eigene, neue Strategien und
Vorgehensweisen, um so die ihnen gestellten Herausforderungen und Aufgaben kreativ,
planmäßig, selbstständig und ggf. intuitiv zu lösen – sie sind Expertinnen und Experten
ihres Gebiets.

Wie sich die Kompetenzentwicklungsstufen mit dem Kompetenzmodell kombinieren lassen, lässt sich am Beispiel „Berufspädagogische Kompetenz" (vgl. Kapitel 6.3.2) wie folgt
illustrativ spezifizieren und ausformulieren:

6.4.1 Berufspädagogische Kompetenz – Rahmenbedingungen berücksichtigen

Kompetenzbeschreibung (aus Kapitel 6.3.2):
Der Ausbilder/die Ausbilderin ist bereit und fähig, die in den Ordnungsmitteln aufgeführten Ausbildungsziele und -inhalte auf die betrieblichen Rahmenbedingungen (Berücksichtigung der zeitlichen und räumlichen Gegebenheiten, der Auszubildendengruppe und der
Kommunikationsstrukturen) zu übertragen. Er/sie ist in der Lage, einen betrieblichen Ausbildungsplan zu erstellen. Dabei berücksichtigt er/sie die unterschiedlichen Lernorte der
Berufsausbildung (BBS, ÜBA, Partnerbetriebe etc.)

Kompetenzentwicklungsstufen:

▶ **Reproduktion:** Der Ausbilder/die Ausbilderin kennt die für die Durchführung der Ausbildung relevanten Rahmenbedingungen und Ordnungsmittel (z. B. Lernziele und -in-
halte, zur Verfügung stehende Lernzeiten und -räume, unterschiedliche Lernorte wie
BBS, ÜBA etc.). Er/sie ist in der Lage, nach Anleitung oder Vorgabe die aufgeführten
Ausbildungsziele und -inhalte bei der didaktischen Planung und Erstellung eines betrieblichen Ausbildungsplans zu berücksichtigen.

▶ **Reorganisation:** Der Ausbilder/die Ausbilderin berücksichtigt die für die Durchführung
der Ausbildung relevanten Rahmenbedingungen und Ordnungsmittel. Er/sie passt die
Gestaltung des Ausbildungsalltags entsprechend den eigenen Erfahrungen an. Er/sie
erstellt eigenständig einen betrieblichen Ausbildungsplan, überträgt dabei die vorgege-
benen Ausbildungsziele und -inhalte auf die betrieblichen Gegebenheiten und passt den
betrieblichen Ausbildungsplan ggf. eigenverantwortlich an Änderungen an.

▶ **Transfer:** Der Ausbilder/die Ausbilderin überträgt die in den Ordnungsmitteln aufgeführten Ausbildungsziele und -inhalte auf die betrieblichen Rahmenbedingungen. Er/
sie erkennt dabei in der Ausbildungspraxis auftretende Herausforderungen – auch mit
Blick auf die Lernortkooperation – und nutzt zur Verfügung stehende Optionen, um die

Ausbildungsgestaltung aufgrund der eigenen Expertise zu optimieren und weiterzuentwickeln. Dabei berücksichtigt er/sie die Bedarfe der Auszubildenden sowie die betrieblichen Rahmenbedingungen.

6.4.2 Berufspädagogische Kompetenz – Ziele und Inhalte festlegen und begründen

Kompetenzbeschreibung (aus Kapitel 6.3.2):

Der Ausbilder/die Ausbilderin ist bereit und fähig, unter Berücksichtigung der Rahmenbedingungen und mit Blick auf die Förderung der beruflichen Handlungskompetenz der Auszubildenden, Lerninhalte auszuwählen und Lernziele zu definieren. Er/sie ist in der Lage, Lernziele z.B. nach Abstraktionsgraden (z.B. Grob-Richtziel) oder Lernlogik (z.B. bekannt–unbekannt, leicht–schwer) abzuleiten, zu formulieren und in der Kurs- bzw. Einsatzplanung zu berücksichtigen. Er/sie ist bereit und fähig, die Lerninhalte und -ziele sowohl anhand der Arbeitsprozesse und Arbeitsaufgaben (prozessorientiert) als auch unter Berücksichtigung der Fachsystematik auszuwählen und zu formulieren.

Kompetenzentwicklungsstufen:

▶ **Reproduktion:** Der Ausbilder/die Ausbilderin kann nach Anleitung oder Vorgabe Lernziele und -inhalte auswählen und formulieren. Er/sie kennt die notwendigen Rahmenbedingungen und Möglichkeiten zur Differenzierung von Lernzielen (z.B. Lernlogik, Abstraktionsgrad). Er/sie berücksichtigt bestehende Arbeitsprozesse und gegebenenfalls fachsystematische Inhaltsbeschreibungen.

▶ **Reorganisation:** Der Ausbilder/die Ausbilderin ist bereit und fähig, die ausgewählten Lernziele und -inhalte begründet zu definieren und bei der Kursgestaltung bzw. Einsatzplanung zu berücksichtigen. Er/sie kann individuelle Entwicklungsschritte festlegen und die Lernziele hierfür z.B. nach Abstraktionsgraden oder Lernlogik neu strukturieren.

▶ **Transfer:** Der Ausbilder/die Ausbilderin kann selbstständig, über die in den Ordnungsmitteln vorgesehenen Lernziele und -inhalte hinausgehend im Bedarfsfall (z.B. fehlende, relevante Vorkenntnisse aus der Schulzeit) individuelle, neue Lernziele für die/den Auszubildende/-n begründet ausweisen und formulieren sowie hinsichtlich der Angemessenheit beurteilen.

6.4.3 Berufspädagogische Kompetenz – Methoden und Medien identifizieren und auswählen

Kompetenzbeschreibung (aus Kapitel 6.3.2):

Der Ausbilder/die Ausbilderin ist bereit und fähig, dem Ausbildungsziel angemessene Ausbildungsmethoden der pädagogischen Psychologie sowie berufs- und arbeitspädagogische Instrumente, Arbeits- und Hilfsmittel auszuwählen. Er/sie ist in der Lage, die Methoden,

Instrumente, Arbeits- und Hilfsmittel orientiert an der beruflichen Realität (Arbeits- und Geschäftsprozesse) auszuwählen und sie mit fachsystematischen Inhalten zu verzahnen.

Kompetenzentwicklungsstufen:

▶ **Reproduktion:** Der Ausbilder/die Ausbilderin kann dem Ausbildungsziel und den Ausbildungsinhalten angemessene Ausbildungsmethoden recherchieren, auswählen und nach Anleitung anwenden. Er/sie kennt Ausbildungskategorien (z. B. Groß- und Kleinmethode) und kann die Art des methodischen Ansatzes (z. B. induktiv, deduktiv, problemorientiert) beschreiben.

▶ **Reorganisation:** Der Ausbilder/die Ausbilderin kann am Ausbildungsziel und den Ausbildungsinhalten orientierte Ausbildungsmethoden an der beruflichen Realität orientieren und sie in Beziehung zur Fachsystematik setzen. Er/sie kann die Methoden dem jeweiligen methodischen Ansatz zuordnen und diese bei Bedarf in einen logischen Zusammenhang bringen oder neu strukturieren.

▶ **Transfer:** Der Ausbilder/die Ausbilderin kann Ausbildungsmethoden begründet auswählen, diese hinsichtlich der gesetzten Lernziele und den gewählten Ausbildungsinhalten bewerten und auswerten. Er/sie kann neue methodische Ansätze und Vorgehensweisen entwickeln, um die Ausbildungspraxis kreativ, selbstständig und situativ angemessen zu gestalten.

6.4.4 Berufspädagogische Kompetenz – Beispiele einschätzen und adaptieren

Kompetenzbeschreibung (aus Kapitel 6.3.2):

Der Ausbilder/die Ausbilderin ist bereit und fähig, vorhandene Beispiele guter Ausbildungspraxis zu recherchieren und sich über andere Ausbildungspraktiken und -modelle zu informieren. Er/sie kann beurteilen, inwieweit die Beispiele geeignet sind, um die sich aus den eigenen Rahmenbedingungen ergebenden Anforderungen zu erfüllen und sie angepasst im eigenen Ausbildungsalltag praktisch umzusetzen.

Kompetenzentwicklungsstufen:

▶ **Reproduktion:** Der Ausbilder/die Ausbilderin ist bereit und fähig, vorhandene Beispiele guter Ausbildungspraxis zu recherchieren und sich über andere Ausbildungspraktiken und -modelle zu informieren.

▶ **Reorganisation:** Der Ausbilder/die Ausbilderin kann Beispiele guter Ausbildungspraxis hinsichtlich ihrer Gemeinsamkeiten und Unterschiede vergleichen. Er/sie kann beurteilen, inwieweit die Beispiele geeignet sind, um die sich aus den eigenen Rahmenbedingungen ergebenden Anforderungen zu erfüllen und sie für den eigenen Ausbildungsalltag adaptieren.

▶ **Transfer:** Der Ausbilder/die Ausbilderin ist in der Lage, begründet Beispiele für das eigene ausbildungsbezogene Handeln auszuwählen, hinsichtlich der gestellten Herausforderung im Ausbildungsalltag zu bewerten, sie auf ihre Gebrauchstauglichkeit zu prüfen und zur Lösung neuer Herausforderungen (z. B. bisher nicht vorhanden gewesene Verständnisschwierigkeiten der Auszubildenden) eigenverantwortlich weiterzuentwickeln.

6.4.5 Berufspädagogische Kompetenz – Ausbildung planen und umsetzen

Kompetenzbeschreibung (aus Kapitel 6.3.2):

Der Ausbilder/die Ausbilderin ist bereit und fähig, Lernanlässe zu schaffen und den Lernprozess der Auszubildenden in angemessenem Umfang zu begleiten. Dabei ist er/sie in der Lage, Interventionsanlässe (z. B. Lernprobleme, persönliche Problemlagen) zu erkennen und die situationsangemessenen Maßnahmen (z. B. Beratungsgespräche, Anleitungs- und Unterweisungsmaßnahmen, Lernortkooperation) unter Berücksichtigung der Methoden, Medien und Beispiele einzuleiten und umzusetzen.

Der Ausbilder/die Ausbilderin bringt die eigene Expertise und die eigene Erfahrung in die Weiterentwicklung der zukünftigen Ausbildungsjahrgänge im Betrieb bzw. in der Bildungsinstitution ein.

Kompetenzentwicklungsstufen:

▶ **Reproduktion:** Der Ausbilder/die Ausbilderin ist in der Lage, unter Berücksichtigung der Rahmenbedingungen, recherchierten Beispiele und der eigenen Methodenkenntnisse Lernanlässe zu schaffen und Auszubildende in angemessenem Umfang zu begleiten.

▶ **Reorganisation:** Der Ausbilder/die Ausbilderin ist in der Lage, unter Berücksichtigung der Rahmenbedingungen, recherchierten Beispiele und der eigenen Methodenkenntnisse Lernanlässe zu schaffen und Auszubildende in angemessenem Umfang zu begleiten, indem er/sie Interventionsanlässe erkennt und eine situationsangemessene Vorgehensweise entwickelt.

▶ **Transfer:** Der Ausbilder/die Ausbilderin setzt sich mit bestehenden, selbst erfahrenen Interventionsanlässen und Vorgehensweisen auseinander. Er/sie bringt die gewonnenen Erkenntnisse, die eigene Expertise und die eigene Erfahrung in die Weiterentwicklung der Ausbildungsgestaltung für zukünftige Ausbildungsjahrgänge im Betrieb bzw. in der Bildungsinstitution ein.

6.4.6 Berufspädagogische Kompetenz – Ausbildung reflektieren

Kompetenzbeschreibung (aus Kapitel 6.3.2):

Der Ausbilder/die Ausbilderin ist bereit und fähig, mithilfe der identifizierten und ausgewählten Ausbildungsmethoden und -medien zu ausgewählten Zeitpunkten der Ausbildung (z. B. Zwischen- und Abschlussprüfung) gemeinsam mit den Auszubildenden den Ausbildungsstand der Auszubildenden vor dem Hintergrund der Gesamtausbildung einzuschätzen, zu erfragen und in Beziehung zum aktuellen Ausbildungsgeschehen zu setzen (Lehr-/Lernprozesse der Auszubildenden).

Der Ausbilder/die Ausbilderin ist bereit und fähig, die unterschiedlichen Ausbildungsmethoden und -medien sowie Vorgehensweisen und Maßnahmen auf ihre Wirkung hin einschätzen, anzupassen und ggf. flexibel miteinander zu kombinieren (eigenes berufspädagogisches Vorgehen).

Kompetenzentwicklungsstufen:

▶ **Reproduktion:** Der Ausbilder/die Ausbilderin kann zu ausgewählten Zeitpunkten der Ausbildung die Kompetenzentwicklung der Auszubildenden und das eigene ausbildungsbezogenen Handeln anhand konkreter Fragestellungen darstellen und zusammenfassen.

▶ **Reorganisation:** Der Ausbilder/die Ausbilderin analysiert zu ausgewählten Zeitpunkten der Ausbildung die Kompetenzentwicklung der Auszubildenden und das eigene ausbildungsbezogenen Handeln anhand konkreter Fragestellungen hinsichtlich ihrer Wirkung. Er/sie trifft eine begründete Umstrukturierung der bestehenden Vorgehensweisen und Maßnahmen (z. B. aus der pädagogischen Psychologie, Didaktik), um das Ausbildungsgeschehen an die Erkenntnisse der Analyse anzupassen.

▶ **Transfer:** Der Ausbilder/die Ausbilderin prüft den aktuellen Ausbildungsstand der Auszubildenden und schätzt diese hinsichtlich ihrer Kompetenzentwicklung mit Blick auf das erfolgreiche Abschließen der Ausbildung ein. Dabei analysiert er/sie die Wirkung der bisherigen Ausbildungsmethoden sowie Interventionen und entwirft ggf. neue Vorgehensweisen und Interventionsmöglichkeiten.

▶ 7   Zusammenfassung und Ausblick

Im vorliegenden Fachbeitrag wurden das Vorgehen und die Ergebnisse des Vorhabens „Berufliche Handlungskompetenz des betrieblichen Ausbildungspersonals – Entwicklung und Validierung eines Kompetenzmodells" als Teil der konzeptionellen Arbeiten am Internetportal für Ausbildungs- und Prüfungspersonal „Leando" vorgestellt, das das Institut Technik und Bildung der Universität Bremen in Kooperation mit dem BIBB durchgeführt hat.

Das entwickelte Kompetenzmodell schließt an den bestehenden Berufsbildungsdiskurs zur beruflichen Handlungskompetenz von betrieblichem Ausbildungspersonal an und erweitert diesen zugleich um Erkenntnisse, die aus den geführten Experteninterviews abgeleitet wurden. In Bezug auf die einleitend formulierten Fragestellungen lässt sich das Vorhaben wie folgt zusammenfassen:

1. Welche ausbildungsspezifischen Kompetenzanforderungen stellen sich an das betriebliche Ausbildungspersonal?
2. Wie können diese Kompetenzanforderungen in einem Kompetenzmodell ausgewiesen werden?

Die Kompetenzanforderungen an betriebliches Ausbildungspersonal wurden zunächst aus dem aktuellen Diskurs zur beruflichen Handlungskompetenz dieser Zielgruppe und aus bereits bestehenden Kompetenzmodellen abgeleitet (vgl. Kap. 2.3 und 2.4). Auf der Basis einer allgemeinen Struktur für Kompetenzmodelle (vgl. Abb. 7) wurde ein vorläufiges Kompetenzmodell entworfen, das die dabei identifizierten Kompetenzbereiche und darauf bezogene Kompetenzdimensionen aufweist (vgl. Kap. 3, insbesondere Abb. 8). In einem anschließenden Schritt konnten diese Kompetenzbereiche und Kompetenzdimensionen durch Experteninterviews validiert und zum Teil reorganisiert oder erweitert werden.

Zentrales Ergebnis war ein Kompetenzmodell für betriebliches Ausbildungspersonal (vgl. Abb. 10), das die Kompetenzbereiche „(Domänenspezifische) Fach- und Methodenkompetenz" mit den Dimensionen „Fachsystematik", „Arbeitsprozesse" und „Praktische Fertigkeiten" (vgl. Kap. 6.1.1), „Berufspädagogische Kompetenz" mit den Dimensionen „Didaktik", „Ausbildungsmethoden" und „Pädagogische Psychologie" (vgl. Kap. 6.1.2), „Diversitätskompetenz/Sozial- und Personalkompetenz" mit den Dimensionen „Soziale Beziehungen und Verantwortung", „Eigene Persönlichkeit und Lebenssituation" und „Diversität und Diversitätssensibilität" (vgl. Kap. 6.1.3) sowie „Medienpädagogische Kompetenz" mit den Dimensionen „Mediendidaktik", „Medienerziehung" und „Medienintegration" (vgl. Kap. 6.1.3) umfasst.

Dem aktuellen wissenschaftlichen Diskurs und den Aussagen aus den Experteninterviews folgend, lässt sich feststellen, dass betriebliche Ausbilder/-innen in ihrer alltäglichen Ausbildungspraxis in diesen vier grundlegenden Bereichen mit Aufgaben und Herausforderungen konfrontiert werden. Um diese erfolgreich bewältigen zu können, benötigen sie bereichsbezogene Kompetenzen. In der Summe ergeben die in den vier Kompetenzbereichen und ihren jeweiligen Dimensionen verorteten Kompetenzen die berufliche Handlungskompetenz von betrieblichem Ausbildungspersonal.

3. Wie lässt sich das Kompetenzmodell in Form von Kompetenzbeschreibungen operationalisieren?

Mit der Ausweisung von Kompetenzbereichen und Kompetenzdimensionen war der Prozess der Modellentwicklung nicht abgeschlossen. Um einen hohen Gebrauchswert des Kompetenzmodells gewährleisten zu können, sollten Kompetenzen nicht nur in einer Struktur verortet und listenförmig dargestellt werden. Vielmehr war es auch Anspruch, der Tatsache Rechnung zu tragen, dass Kompetenzen vom Ausbildungspersonal in unterschiedlichen Anwendungskontexten benötigt bzw. angeeignet oder weiterentwickelt werden. Um das Kompetenzmodell in Form von Kompetenzbeschreibungen noch weiter operationalisieren zu können, wurden deshalb sechs miteinander verknüpfte Handlungsfelder herangezogen, die in der Ausbildungspraxis vom Ausbildungspersonal iterativ durchlaufen werden: „Rahmenbedingungen für das Ausbildungshandeln erkennen und berücksichtigen", „Ziele und Inhalte der Ausbildung festlegen und begründen", „Methoden und Medien identifizieren und auswählen", „Ausbildungsbeispiele einschätzen und adaptieren", „Ausbildung planen und umsetzen" sowie „Ausbildung reflektieren" (vgl. Kap. 6.2). Zur Formulierung von Kompetenzbeschreibungen wurden diese Handlungsfelder auf die Kompetenzbereiche und deren Dimensionen bezogen, sodass im Ergebnis eine Matrix entstand (vgl. Abb. 12). Mit dem in Matrixform dargestellten Kompetenzmodell konnte die berufliche Handlungskompetenz von betrieblichem Ausbildungspersonal sehr differenziert dargestellt werden, indem zu jedem Matrixfeld eine entsprechende Kompetenzbeschreibung ausgewiesen wurde. In der Summe entstand so ein „idealtypisches Kompetenzprofil" eines betrieblichen Ausbilders/einer betrieblichen Ausbilderin (vgl. Kap. 6.3).

4. Wie lässt sich das Kompetenzmodell für die Entwicklung eines bedarfsorientierten Bildungsangebots nutzen?

Das skizzierte Kompetenzmodell wurde mit dem Anspruch entwickelt, die im Fachdiskurs ausgewiesenen Anwendungsbereiche aufzugreifen, in denen eine Konkretisierung und Operationalisierung der beruflichen Handlungskompetenz des betrieblichen Ausbildungspersonals als wünschenswert und sinnvoll oder sogar als erforderlich erachtet wird. Grundsätzlich lassen sich mithilfe des Kompetenzmodells sowohl individuelle als auch idealtypische Kompetenzprofile von Ausbildern und Ausbilderinnen erstellen sowie Bildungsangebote für diese Zielgruppe bedarfsgerecht zuschneiden. Dieser Gebrauchswert des Kompetenzmodells lässt sich anhand der Zielgruppen Ausbilder/-innen, Personalentwickler/-innen und Weiterbildungsanbieter weiter verdeutlichen:

▶ Ausbildern und Ausbilderinnen, die ihr eigenes Kompetenzprofil bestimmen und ihre Kompetenzen aus eigenem Interesse weiterentwickeln wollen, ermöglicht das Kompetenzmodell eine differenzierte Einsicht in die Bandbreite ausbildungsbezogener Kompetenzen. Sie können in Form einer Selbstevaluation ihr Kompetenzprofil anfertigen und im idealtypischen Kompetenzprofil verorten, persönliche Stärken und Bedarfe identifizieren, entsprechend eigene Wünsche und Ziele zur Weiterentwicklung der eigenen Kompetenzen eruieren sowie dazu passende Informations- und Bildungsmaßnahmen auswählen.

▶ In der Personalentwicklung lassen sich mithilfe des Kompetenzmodells am Unternehmen und am Einsatzbereich orientierte Kompetenzprofile erstellen, Kompetenzen in ihren Ausprägungen differenziert abbilden und damit Arbeitsplatzanforderungen sowie Stellen- und Aufgabenbeschreibungen konkretisieren und illustrieren. In Verbindung mit entsprechend ausgerichteten Kompetenzfeststellungsverfahren können individuelle Kompetenzprofile der Ausbilder/-innen sichtbar gemacht werden, um einerseits einen möglichst gut zu den vorhandenen Kompetenzen des Ausbilders/der Ausbilderin passenden Einsatz zu bestimmen. Andererseits können im Bedarfsfall konkrete und passgenaue Fort- und Weiterbildungen zu ausbildungsrelevanten Themen abgeleitet und geplant werden.

▶ Die Akteure und Akteurinnen der Bildungsdienstleister können das Kompetenzmodell als Referenz für die Planung, Entwicklung und Umsetzung von Aus-, Fort- und Weiterbildungsangeboten für das betriebliche Ausbildungspersonal heranziehen. Vorhandene Angebote lassen sich im Kompetenzmodell verorten und anhand der Handlungsfelder und ggf. Kompetenzentwicklungsstufen in Bezug auf die Ziele und Inhalte der jeweiligen Maßnahme weitergehend operationalisieren. Umgekehrt können mit den im Kompetenzmodell ausgewiesenen Matrixfeldern Bereiche identifiziert werden, zu denen sich neue Bildungsangebote konzipieren lassen und mit denen sich das eigene Angebotsspektrum begründet erweitern lässt. Beispielsweise ließen sich neue medienpädagogische Bildungsangebote über den Kompetenzbereich „Medienkompetenz/Medienpädagogische Kompetenz" und das Handlungsfeld „Methoden und Medien identifizieren und auswählen" entwickeln und mit den aus dem entsprechenden Matrixfeld abgeleiteten, zu fördernden Kompetenzen als Ziel der Maßnahme beschreiben.

Ausblickend ergibt sich ein weiteres Anwendungsfeld aus der Verbindung des Kompetenzmodells mit den Potenzialen, die digitale Medien bieten. Durch technische Entwicklungen wie Analysesysteme (z. B. *Learning Analytics*, tutorielle Systeme, *exploratory learning environments*) lassen sich Bildungsinhalte zukünftig viel flexibler und individualisierter bereitstellen (vgl. UNESCO 2021). Beispielsweise können durch präskriptive Analytik Lernziele und Lernbedarfe identifiziert und entsprechende Bildungsangebote ausgewählt und bereitgestellt werden (vgl. KRÄMMER/SPAHN 2022). Hierfür ist es allerdings zwingend erforderlich, diesen digitalen Systemen Kompetenzmodelle zugrunde zu legen, anhand derer sich Selbstauskünfte und Lernergebnisse einstufen lassen.

Dieses Anwendungsfeld wird in den kommenden Jahren bei der Konzeption des Internetportals „Leando" berücksichtigt und erprobt. Vorgesehen ist es, auf Leando ein Bildungsangebot zur Förderung der beruflichen Handlungskompetenz des betrieblichen Ausbildungspersonals bereitzustellen. Um dieser Zielgruppe zu ermöglichen, ihre Ausbildungspläne und -prozesse an den typischen Anforderungen ihrer jeweiligen Branche auszurichten, soll Leando auf Grundlage des dargestellten Kompetenzmodells – bei Bedarf bzw. Wunsch auch individuell zugeschnitten – am Weiterbildungsbedarf des Ausbildungs-personals orientierte Inhalte generieren und anbieten. Dieser Weiterbildungsbedarf soll dabei aus der Abweichung zwischen dem bestehenden, individuellen Kompetenzprofil („Ist-Zustand") und dem wünschenswerten, idealtypischen Kompetenzprofil („Soll-Zustand") abgeleitet werden (SCHLUTZ 2006). Mithilfe des Kompetenzmodells lässt sich dieser Ist-Soll-Abgleich sehr gut vornehmen. Das idealtypische Kompetenzprofil liegt bereits in Form von Kompetenzbeschreibungen vor (vgl. Kap. 6.3), über eine nach dem Kompetenzmodell strukturierte Selbsteinschätzung beim *Onboarding* auf der Leando-Plattform kann das individuelle Kompetenzprofil eines Ausbilders/einer Ausbilderin erstellt werden. Über eine automatisierte Auswertung kann Leando anschließend ein individuell zugeschnittenes Bildungsangebot vorschlagen.

Mit dem in diesem Fachbeitrag präsentierten Kompetenzmodell liegt somit ein Konstrukt vor, das es ermöglicht, die komplexen Zusammenhänge der Kompetenzen von betrieblichem Ausbildungspersonal mithilfe verschiedener Bereiche und Elemente sichtbar werden zu lassen. Gleichzeitig weist es die nötige Offenheit und Flexibilität auf, um den vielfältigen Hintergründen und Anforderungen des Ausbildungspersonals sowie den verschiedenen Anwendungsfeldern von Kompetenzmodellen gerecht zu werden.

▶ 8 Literaturverzeichnis

ABDUL-HUSSAIN, Surur; HOFMANN, Roswitha: Diversitätskompetenz 2013. URL: https://erwach-senenbildung.at/themen/diversitymanagement/grundlagen/divkompetenz.php (Stand: 18.04.2023)

AUSBILDERWISSEN (Hrsg.): Neuer AEVO-Rahmenplan 2023. URL: https://www.ausbilderwissen.com/aevo/prufung/neuer-aevo-rahmenplan/ (Stand: 26.09.2023)

BAACKE, Dieter: Medienkompetenz als zentrales Operationsfeld von Projekten. In: BAACKE, Dieter (Hrsg.): Handbuch Medien. Bonn 1999, S. 31–35

BADER, Reinhard: Handlungsfelder – Lernfelder – Lernsituationen. Eine Anleitung zur Erarbeitung von Rahmenlehrplänen sowie didaktischer Jahresplanungen für die Berufsschule. In: MÜLLER, Martina; BADER, Reinhard (Hrsg.): Unterrichtsgestaltung nach dem Lernfeldkonzept. Bielefeld 2004, S. 11–37

BADER, Reinhard; MÜLLER, Martina: Leitziel der Berufsbildung: Handlungskompetenz: Anregungen zur Ausdifferenzierung des Begriffs. In: Die berufsbildende Schule (BbSch) 54 (2002) 6, S. 176–182

BAHL, Anke: „The fragility of the trainer position – case studies in medium and large enterprises". In: Formation emploi 146 (2019) 2, S. 53–75

BAHL, Anke: Die professionelle Praxis der Ausbilder. Dissertation 2018. URL: http://www.content-select.com/index.php?id=bib_view&ean=9783593439679 (Stand: 04.10.2023)

BAHL, Anke; BRÜNNER, Kathrin: Das betriebliche Ausbildungspersonal – Eine vernachlässigte Gruppe in der Berufsbildungsforschung. In: RAUNER, Felix; GROLLMANN, Philipp (Hrsg.): Handbuch Berufsbildungsforschung. 3. Aufl. Bielefeld 2018, S. 362–368

BERBEN, Thomas: Kompetenzformen. Ein Nachschlagewerk für die nicht-akademischen und akademischen Bereiche. In: PAHL, Jörg-Peter (Hrsg.): Lexikon Berufsbildung. 3. Aufl. Bielefeld 2016, S. 564–565

BIBB – BUNDESINSTITUT FÜR BERUFSBILDUNG (Hrsg.): leando. ausbilden, prüfen, vernetzen 2023a. URL: https://www.leando.de/ (Stand: 21.12.2023)

BIBB – BUNDESINSTITUT FÜR BERUFSBILDUNG (Hrsg.): Web-Dossier. Qualifizierung des überbetrieblichen Ausbildungspersonals im digitalen Wandel 2023b. URL: https://www.bibb.de/de/web-dossier-uebs-ausbildungspersonal-158185.php (Stand: 18.05.2023)

BIBB – BUNDESINSTITUT FÜR BERUFSBILDUNG (Hrsg.): Ausbildung gestalten. Schuhfertiger/-in. Ausbildungshilfen zur Ausbildungsordnung für Ausbilderinnen und Ausbilder/Auszubildende/Berufsschullehrerinnen und Berufsschullehrer/Prüferinnen und Prüfer. Bonn 2018. URL: https://www.google.com/url?sa=t&rct=j&q=&esrc=s&source=web&cd=&ved=2ahUKEwic6Lv-kuvL_AhWa_7sIHXifC4sQFnoECA4QAQ&url=https%3A%2F%2Fwww.bibb.de%2Fvero-effentlichungen%2Fde%2Fpublication%2Fdownload%2F8606&usg=AOvVaw1xT4RV-XG0SzclwlcddYzkZ&opi=89978449 (Stand: 21.12.2023)

BIBB – BUNDESINSTITUT FÜR BERUFSBILDUNG (Hrsg.): Arbeitshilfe zur Umsetzung der HA-Empfehlung Nr. 160 zur Struktur und Gestaltung von Ausbildungsordnungen – Ausbildungsberufsbild, Ausbildungsrahmenplan. Erstellt von der Arbeitsgruppe des Hauptausschusses zur Struktur und

Gestaltung von kompetenzorientiert formulierten Ausbildungsordnungen 2016. URL: https://www.bibb.de/dokumente/pdf/HA160_Arbeitshilfe.pdf (Stand: 16.09.2023)

BIBB – Bundesinstitut für Berufsbildung (Hrsg.): Empfehlung des Hauptausschusses des Bundesinstituts für Berufsbildung vom 25.06.2009. Rahmenplan für die Ausbildung der Ausbilder (2009)

Blank, Marco; Nicklich, Manuel; Bahl, Anke: Steigende Anforderungen und Weiterbildung aus Sicht des betrieblichen Ausbildungspersonals. In: BWP – Berufsbildung in Wissenschaft und Praxis 51 (2022) 4, S. 11–15

Blömeke, Sigrid: Medienpädagogische Kompetenz: Theoretische Grundlagen und erste empirische Befunde. Theorien und Methoden zur Erfassung und Bewertung von beruflichen Kompetenzen. In: Frey, Andreas; Jäger, Reinhold S.; Renold, Ursula (Hrsg.): Kompetenzdiagnostik. Landau 2005, S. 76–97

Bloom, Benjamin S.; Engelhart, Max D. (Hrsg.): Taxonomie von Lernzielen im kognitiven Bereich. 5. Aufl. Weinheim 1976

BMAS – Bundesministerium für Arbeit und Soziales (Hrsg.): NATIONALE WEITERBILDUNGSSTRATEGIE. Strategiepapier 2019. URL: https://www.bmas.de/SharedDocs/Downloads/DE/Aus-Weiterbildung/strategiepapier-nationale-weiterbildungsstrategie.pdf?__blob=publicationFile&v=3 (Stand: 04.10.2023)

BMBF – Bundesministerium für Bildung und Forschung (Hrsg.): Forschungs- und Transferinitiative ASCOT+. Über ASCOT+ 2023. URL: https://www.ascot-vet.net/ascot/de/ueber-ascot/forschungs-transferinitiative-ascot/forschungs-transferinitiative-ascot_node.html (Stand: 28.04.2023)

Bonnes, Caroline; Binkert, Julia; Goller, Michael: Kompetenzen des betrieblichen Ausbildungspersonals. Eine literaturbasierte Systematisierung. In: BWP – Berufsbildung in Wissenschaft und Praxis 51 (2022) 4, S. 26–29

Brand, Willi; Hofmeister, Wiebke; Tramm, Tade: Auf dem Weg zu einem Kompetenzstufenmodell für die berufliche Bildung. Erfahrungen aus dem Projekt ULME. In: Berufs- und Wirtschaftspädagogik Online (2005) 8, 21 S. URL: http://www.bwpat.de/ausgabe8/brand_etal_bwpat8.pdf (Stand: 29.12.2023)

Bundesagentur für Arbeit (Hrsg.): KldB 2010 – überarbeitete Fassung 2020. URL: https://statistik.arbeitsagentur.de/DE/Navigation/Grundlagen/Klassifikationen/Klassifikation-der-Berufe/KldB2010-Fassung2020/KldB2010-Fassung2020-Nav.html;jsessionid=0B62E17B-96D258C09129E5BA417E6496 (Stand: 04.04.2023)

Deutscher Bildungsrat (Hrsg.): Strukturplan für das Bildungswesen. Stuttgart 1970

Deutscher Bildungsrat. Bildungskommission (Hrsg.); Krings, Hermann: Zur Neuordnung der Sekundarstufe II 1974. URL: https://books.google.de/books?id=wsgFzgEACAAJ (Stand: 04.10.2023)

Deutscher Bundestag (Hrsg.): Beschlußempfehlung und Bericht des Ausschusses für Bildung und Wissenschaft (21. Ausschuß) zu dem Schlußbericht der Enquete-Kommission „Zukünftige Bildungspolitik – Bildung 2000" gemäß Beschluß des Deutschen Bundestages am 9. Dezember 1987 – Drucksachen 11/1448, 11/7820 – 1994

Diettrich, Andreas: Berufsbildungspersonal 2025 – Forschungs- und Entwicklungsperspektiven im Kontext gesellschaftlicher Megatrends. Qualifizierungskonzepte und Professionalisierungsstrategien. In: FRENCH, Martin; DIETTRICH, Andreas (Hrsg.): Berufsbildungspersonal in Bildungs-dienstleistern und Betrieben. Rostock 2017, S. 319–329

DIETTRICH, Andreas; HARM, Stefan: Berufspädagogische Begleitung und Qualitätsentwicklung – Tätigkeiten und Anforderungen an das betriebliche Ausbildungspersonal. In: BWP – Berufsbildung in Wissenschaft und Praxis 47 (2018) 3, S. 14–18

DÖRING, Nicola; BORTZ, Jürgen: Forschungsmethoden und Evaluation in den Sozial- und Humanwissenschaften. Berlin, Heidelberg 2016

DQR (Hrsg.): Handbuch zum Deutschen Qualifikationsrahmen. Struktur – Zuordnungen – Verfahren – Zuständigkeiten 2013. URL: **https://www.dqr.de/dqr/shareddocs/downloads/media/content/dqr_handbuch_01_08_2013.pdf?__blob=publicationFile&v=1** (Stand: 03.06.2023)

DQR (Hrsg.): Der Deutsche Qualifikationsrahmen für lebenslanges Lernen o. D. URL: **https://www.dqr.de/dqr/de/home/home_node.html** (Stand: 15.09.2023)

EULER, Dieter: Kompetenzorientierung in der beruflichen Bildung. In: ARNOLD, Rolf; LIPSMEIER, Antonius; ROHS, Matthias (Hrsg.): Handbuch Berufsbildung. Wiesbaden 2020, S. 1–13

FELDKAMP, Daniel; PORATH, Jane: Kompetenzprofil. Ein Nachschlagewerk für die nicht-akademischen und akademischen Bereiche. In: PAHL, Jörg-Peter (Hrsg.): Lexikon Berufsbildung. 3. Aufl. Bielefeld 2016

FISCHER, Martin: Grundprobleme didaktischen Handelns und die arbeitsorientierte Wende in der Berufsbildung. In: bwp@ Berufs- und Wirtschaftspädagogik – online (2003) 4. URL: **https://www.bwpat.de/ausgabe4/fischer_bwpat4.pdf** (Stand: 29.12.2023)

FRENCH, Martin; BOHNE, Christoph: Potenziale für inklusives Lehren und Lernen durch die Diversität des Berufsbildungspersonals – Diversitätssensible Professionalisierungsaspekte in projekterprobten Fort- und Weiterbildungskonzepten. Qualifizierungskonzepte und Professionalisierungsstrategien. In: FRENCH, Martin; DIETTRICH, Andreas (Hrsg.): Berufsbildungspersonal in Bildungs-dienstleistern und Betrieben. Rostock 2017, S. 215–238

FRIEDE, Christian K.: Curriculare Analyse der Ausbilder-Eignungsverordnungen seit 1972. Hintergründe – Umsetzung – Positionen. In: ULMER, Philipp (Hrsg.): Die novellierte Ausbilder-Eignungsverordnung (AEVO) von 2009. Bielefeld 2013, S. 11–64

GENSICKE, Miriam; BECHMANN, Sebastian; KOHL, Matthias; SCHLEY, Thomas; GARCIA-WÜLFING, Isabel; HÄRTEL, Michael: Digitale Medien in Betrieben – heute und morgen. Eine Folgeuntersuchung. 1. Aufl. Bonn 2020

GESSLER, Michael; SEBE-OPFERMANN, Andreas: Kompetenzmodelle. Die Praxis der Personalbildung, Personalförderung und Arbeitsstrukturierung. In: MÜLLER-VORBRÜGGEN, Michael; RADEL, Jürgen (Hrsg.): Handbuch Personalentwicklung. 4. Aufl. Freiburg 2016, S. 159–184

GLÄSER, Jochen; LAUDEL, Grit: Experteninterviews und qualitative Inhaltsanalyse als Instrumente rekonstruierender Untersuchungen. 4. Aufl. Wiesbaden 2010

GÖSSLING, Bernd; SLOANE, Peter F. E.: Die Ausbildereignungsverordnung (AEVO): Regulatorischer Dinosaurier oder Ansporn für innovative Bildungsarbeit? In: zbw (Zeitschrift für Berufs- und Wirtschaftspädagogik) 109 (2013) 2, S. 232–261

HÄHN, Katharina; RATERMANN-BUSSE, Monique: Digitale Medien in der Berufsbildung – Eine Herausforderung für Lehrkräfte und Ausbildungspersonal? In: WILMERS, Annika; ANDA, Carolin; KELLER, Carolin; RITTBERGER, Marc (Hrsg.): Bildung im digitalen Wandel: Die Bedeutung für das pädagogische Personal und für die Aus- und Fortbildung. Münster, New York 2020, S. 129–158

HÄRTEL, Michael; BRÜGGEMANN, Marion; SANDER, Michael; BREITER, Andreas; HOWE, Falk; KUPFER, Franziska: Digitale Medien in der betrieblichen Berufsbildung. Medienaneignung und Mediennutzung in der Alltagspraxis von betrieblichem Ausbildungspersonal. 1. Aufl. Bonn 2018

HEIMANN, Paul: Didaktik als Theorie und Lehre. In: Die Deutsche Schule 54 (1962), S. 407–427

HENSGE, Kathrin; SCHREIBER, Daniel; LORIG, Barbara: Ein Modell zur Gestaltung kompetenzbasierter Ausbildungsordnungen. In: BWP – Berufsbildung in Wissenschaft und Praxis 37 (2008) 4, S. 18–21

HOWE, Falk; KNUTZEN, Sönke: Arbeitsprozesse analysieren und beschreiben. 2021a. URL: https://doi.org/10.26092/elib/625 (Stand: 29.12.2023)

HOWE, Falk; KNUTZEN, Sönke: Berufliche Handlungsfelder beschreiben 2021b. URL: https://doi.org/10.26092/elib/830 (Stand: 04.10.2023)

HOWE, Falk; KNUTZEN, Sönke: Feststellen von Kompetenzen. („Kompetenz-Check"). 1. Aufl. Konstanz 2015

HOWE, Falk; KNUTZEN, Sönke: Kompetenzwerkst@tt Praxisorientiert ausbilden! Handbücher für die Ausbildungs- und Unterrichtspraxis in gewerblich-technischen Berufen. Band 7 Einsetzen von digitalen Medien und Internet. 1. Aufl. Konstanz 2014

HOWE, Falk; KNUTZEN, Sönke: Die Kompetenzwerkst@tt. Ein berufswissenschaftliches E-Learning-Konzept. 1. Aufl. Göttingen 2007. URL: https://www.fachportal-paedagogik.de/literatur/vollanzeige.html?FId=3066689 (Stand: 04.10.2023)

HOWE, Falk; SANDER, Michael; STADEN, Christian: Die aktuelle Ausbildungssituation im gewerblich-technischen Handwerk: Ausbildungsgestaltung – Kooperationen – Mediennutzung 2023. URL: https://doi.org/10.26092/elib/1999 (Stand: 04.10.2023)

KLIEME, Eckhard; AVENARIUS, Hermann; BLUM, Werner; DÖBRICH, Peter; GRUBER, Hans; PRENZEL, Manfred; REISS, Kristina; RIQUARTS, Kurt; ROST, Jürgen; TENORTH, Heinz-Elmar; VOLLMER, Helmut J.: Zur Entwicklung nationaler Bildungsstandards. Eine Expertise. Bonn 2003. URL: https://www.pedocs.de/volltexte/2020/20901/pdf/Klieme_et_al_2003_Zur_Entwicklung_Nationaler_Bildungsstandards_BMBF_A.pdf (Stand: 13.04.2023)

KLÖS, Hans-Peter; SEYDA, Susanne; WERNER, Dirk: IW-Report 40/2020. Berufliche Qualifizierung und Digitalisierung. Eine empirische Bestandsaufnahme. Köln 2020. URL: https://www.iwkoeln.de/fileadmin/user_upload/Studien/Report/PDF/2020/IW-Report_2020_Berufliche_Qualifizierung.pdf (Stand: 23.09.2021)

KMK – KULTUSMINISTERKONFERENZ (Hrsg.): Handreichung für die Erarbeitung von Rahmenlehrplänen der Kultusministerkonferenz für den berufsbezogenen Unterricht in der Berufsschule und ihre Abstimmung mit Ausbildungsordnungen des Bundes für anerkannte Ausbildungsberufe. Berlin 2021. URL: https://www.kmk.org/fileadmin/veroeffentlichungen_beschluesse/2021/2021_06_17-GEP-Handreichung.pdf (Stand: 29.05.2023)

KMK (Hrsg.): Operatoren und Beispiele für das Fach DEUTSCH an den Deutschen Schulen im Ausland (Bildungsgang Hauptschule). Berlin 2018. URL: https://www.kmk.org/fileadmin/Dateien/pdf/Bildung/Auslandsschulwesen/Kerncurriculum/Auslandsschulwesen-Operatoren-Deutsch-10-2012.pdf (Stand: 18.05.2023)

KRÄMMER, Pia; SPAHN, Christian: Ein Kompetenzmodell für die berufliche Weiterbildung. Analyse der Zielgruppenbefragung von hessischen Weiterbildungsanbietern. Bericht im Rahmen des Projekts

WISY@KI des BMBF-geförderten Innovationswettbewerbs INVITE. Bonn 2022. URL: https://www.bibb.de/dienst/publikationen/de/download/18265 (Stand: 04.10.2023)

KRATHWOHL, David R.; BLOOM, Benjamin S.; MASIA, Bertram B.: Taxonomie von Lernzielen im affektiven Bereich. 2. Aufl. Weinheim, Basel 1978

KUCKARTZ, Udo; RÄDIKER, Stefan: Qualitative Inhaltsanalyse. Methoden, Praxis, Computerunterstützung. 5. Aufl. Weinheim 2022

LANDESAMT FÜR SCHULE UND BILDUNG SACHSEN (Hrsg.): Operatoren in der beruflichen Bildung 2021. URL: https://publikationen.sachsen.de/bdb/artikel/39372/documents/62140 (Stand: 18.05.2023)

MEINERS, Hanna; HARTMANN, Phillipp; NIEGEMANN, Helmut; SEEBER, Susan; WUTTKE, Eveline; SCHUMANN, Matthias: Digitale Medienkompetenz als Voraussetzung für die Erstellung von Prüfungsaufgaben. Konzepte, Befunde und Herausforderungen. In: SCHUMANN, Stephan; SEEBER, Susan; ABELE, Stephan (Hrsg.): Digitale Transformation in der Berufsbildung. Bielefeld 2022, S. 123–144

MERKEL, Alla; FRENCH, Martin; DIETTRICH, Andreas; WEBER, Manuela (Hrsg.): Handlungskontexte und Kompetenzen von betrieblichem Ausbildungspersonal – Eine explorative Untersuchung von Arbeitsbedingungen und -prozessen in regionalen Unternehmen in Mecklenburg-Vorpommern. Qualifizierungskonzepte und Professionalisierungsstrategien. In: FRENCH, Martin; DIETTRICH, Andreas (Hrsg.): Berufsbildungspersonal in Bildungsdienstleistern und Betrieben. Rostock 2017, S. 115–142

MÖLLER, Christine: Technik der Lernplanung. Methoden und Probleme der Lernzielerstellung. 5. Aufl. Weinheim 1976

NETZWERK Q 4.0 (Hrsg.): Das Kompetenzmodell Q 4.0 2023. URL: https://netzwerkq40.de/de/angebot/das-kompetenzmodell-q-40/ (Stand: 21.02.2023)

NICKLICH, Manuel; BLANK, Marco; PFEIFFER, Sabine: Ausbildungspersonal im Fokus – Studie zur Situation der betrieblichen Ausbilder*innen 2021. Nürnberg 2022. URL: https://wap.igmetall.de/FAU%20-%20Ausbilder_innenstudie%20(2022).pdf (Stand: 04.10.2023)

REBMANN, Karin: Professionalisierung des Lehr- und Ausbildungspersonals. Ein historischer Überblick zu wichtigen Debatten und zentralen Forschungsfeldern. In: BELLMANN, Lutz; BÜCHTER, Karin; FRANK, Irmgard; KREKEL, Elisabeth M.; WALDEN, Günter (Hrsg.): Schlüsselthemen der beruflichen Bildung in Deutschland. 1. Aufl. Leverkusen 2021, S. 155–168

REINHOLD, Michael: Kompetenzerwerb und Identitätsbildung in der elektrotechnischen Facharbeit. Dissertation 2015

RENKL, Alexander: Träges Wissen: Wenn Erlerntes nicht genutzt wird. In: Psychologische Rundschau 47 (1996) 2, S. 78–92

RISIUS, Paula; SEYDA, Susanne: Digitales Lernen in der Ausbildung: Unterstützung und Partner benötigt. IW Kurzbericht Nr. 13/2022. URL: https://www.iwkoeln.de/fileadmin/user_upload/Studien/Kurzberichte/PDF/2022/IW-Kurzbericht_2022-Digitale-Lernmedien.pdf (Stand: 03.10.2022)

ROTH, Heinrich: Pädagogische Anthropologie. Hannover 1971

RUSCHEL, Adalbert: Der Ausbilder/ die Ausbilderin im dualen Berufsbildungssystem der Bundesrepublik Deutschland. o. J. URL: https://www.adalbert-ruschel.de/downloades/der%20ausbilder.pdf (Stand: 21.12.2023)

SCHALL, Melanie: Systematic Review zum domänen- und einsatzübergreifenden Weiterbildungsbedarf des betrieblichen Ausbildungspersonals. Bremen 2023

SCHECKER, Horst; PARCHMANN, Ilka: Modellierung naturwissenschaftlicher Kompetenz. In: Zeitschrift für Didaktik der Naturwissenschaften 12 (2006), S. 45–66

SCHLÖMER, Tobias; KIEPE, Karina; WICKE, Carolin; BERDING, Florian; BECKER, Clarissa; JAHNCKE, Heike; REBMANN, Karin: Das didaktisch-methodische und professionelle Selbstverständnis von betrieblichem Ausbildungspersonal im Bereich des nachhaltigen Wirtschaftens. In: zbw (Zeitschrift für Berufs- und Wirtschaftspädagogik) 115 (2019) 3, S. 486

SCHLUTZ, Erhard: Bildungsdienstleistungen und Angebotsentwicklung. Münster, New York, München, Berlin 2006

SCHMITZ, Clarissa; WARNER, Nora; FRENZ, Martin: Weiterbildung des betrieblichen Ausbildungspersonals im Zuge der digitalen Transformation. Herausforderung für die gewerblich-technischen Wissenschaften und ihre Didaktiken. In: BECKER, Matthias; FRENZ, MARTIN, JENEWEIN, KLAUS; SCHENK, Michael (Hrsg.): Digitalisierung und Fachkräftesicherung. Bielefeld 2019, S. 198–209

SLIWKA, Anne: Diversität als Chance und als Ressource in der Gestaltung wirksamer Lernprozesse. In: FEREIDOONI, Karim (Hrsg.): Das interkulturelle Lehrerzimmer. Wiesbaden 2012, S. 169–176

SLOANE, Peter F. E.: Pädagogische Arbeit in sich verändernden Lebenswelten – Über die Anforderungen an die betriebliche Bildung in einer postmodernen Industriegesellschaft. Profil 2. In: bwp@ online (2009)

SLOANE, Peter F. E.; EMMLER, Tina; GÖSSLING, Bernd; HAGEMEIER, Daniel; HEGEMANN, Annika; JANSSEN, Elmar A.: Berufsbildung 4.0. Qualifizierung des pädagogischen Personals als Erfolgsfaktor beruflicher Bildung in der digitalisierten Arbeitswelt. Detmold 2018

TULODZIECKI, Gerhard; GRAFE, Silke: Medienbildung in Schule und Unterricht. Grundlagen und Beispiele. 1. Aufl. Bad Heilbrunn 2010. URL: **https://elibrary.utb.de/doi/book/10.36198/9783838534145** (Stand: 04.10.2023)

ULMER, Philipp: Die Novellierung der Ausbilder-Eignungsverordnung (AEVO) von 2009: Ein Paradigma für Qualitätsentwicklung in der beruflichen Bildung? Dissertation. 1. Aufl. 2019

UNESCO (Hrsg.): AI and education: guidance for policy-makers 2021. URL: **https://unesdoc.unesco.org/ark:/48223/pf0000376709** (Stand: 04.10.2023)

WEINERT, Franz E. (Hrsg.): Leistungsmessungen in Schulen. 3. Aufl. Weinheim, Basel 2014a

WEINERT, Franz E.: Vergleichende Leistungsmessung in Schulen – eine umstrittene Selbstverständlichkeit. In: WEINERT, Franz E. (Hrsg.): Leistungsmessungen in Schulen. 3. Aufl. Weinheim, Basel 2014b, S. 17–31

WEINERT, Franz E. (Hrsg.): Leistungsmessungen in Schulen. Weinheim, Basel 2001

WIRTH, Karin: Verknüpfung schulischen und betrieblichen Lernens und Lehrens – Erfahrungen, Einstellungen und Erwartungen der Akteure dualer Ausbildung. bwp@ Spezial 6 – Hochschultage Berufliche Bildung 2013. Einzelbeitrag aus Workshop 08. In: bwp@ (2013), S. 1–19

WOLFF, Florian: Kompetenzanforderungen an das betriebliche Ausbildungspersonal: Am Beispiel des digitalen Wandels zu Industrie 4.0. Dissertation. 1. Aufl. Bielefeld 2023

▶ Anhang

Anhang 1

Leitfaden

Einstiegsfragen

1. Wie ist Ihre Position im Unternehmen und wie lange sind Sie als Ausbilder:in tätig?
2. Bitte erzählen Sie mir, wieso Sie Ausbilder:in geworden sind.

Ausbildungsalltag

3. Was gehört zu Ihren täglichen Ausbilderaufgaben?
4. Welches Wissen und Können benötigen Sie, um Ihren Aufgaben als Ausbilder:in aktuell gerecht zu werden?
5. Was sind besondere Herausforderungen in Ihrem Ausbildungsalltag und wie lösen Sie diese?
6. Was zeichnet Ihrer Meinung nach gutes Ausbilderhandeln aus?

Wandel der Ausbildung durch die Digitalisierung

7. Inwieweit werden digitale Medien in der Ausbildung in Ihrem Betrieb eingesetzt?
8. Welche Ideen (Pläne) haben Sie für den zukünftigen Einsatz digitaler Medien in der Ausbildung?
9. Welches zusätzliche Wissen und Können benötigen Sie, um dem Wandel als Ausbilder:in begegnen zu können?

Weiterbildung

10. Welche Möglichkeiten nutzen Sie, um sich ausbildungsrelevantes Wissen und Können anzueignen und sich als Ausbilder:in weiterzuentwickeln?
11. Welche Hürden nehmen Sie bei der eigenen Weiterbildung aktuell wahr?
12. Was macht für Sie eine gute Weiterbildung für Ausbilder:innen aus?

Abschlussfrage

13. Fällt Ihnen noch etwas ein, dass Sie gerne zu einem der Themen abschließend ergänzen möchten?

Anhang 2

Transkriptionsregeln

Angelehnt an GLÄSER/LAUDEL (2010) wurden bei der Transkription der Experteninterviews folgende Regeln angewandt:

▶ weitestgehender Verzicht auf literarische Umschrift (z. B. einen statt „nen")
▶ Transkription von nonverbalen Äußerungen, Aussprache oder Füllwörtern erfolgt in den Fällen, in denen diese für die Bedeutung einer Aussage relevant sind (z. B. Lachen, Räuspern, gedehntes Sprechen, betont, ähm).
▶ Lange Unterbrechungen werden im Text wie folgt kenntlich gemacht: [Pause].
▶ Unverständliche Passagen werden als solche wie folgt gekennzeichnet: [unv.].
▶ Anonymisierung wird erreicht durch Änderungen von Namen und Hinweisen auf den Betrieb/die Institution (z. B. Standort).
▶ Erläuternde Hinweise, die zum Verständnis einer Aussage beitragen, werden in eckigen Klammern ergänzt.

Anhang 3

Kategoriensystem

Hauptkategorie *Subkategorie*	Codiert, wenn...
Ausbildungspraxis	
Ausbildungsgestaltung	▶ Beschreibung der Art und Weise, wie die Ausbildung im eigenen Betrieb bzw. in der eigenen Institution aktuell und zukünftig umgesetzt wird
Rolle und Selbstverständnis	▶ Aussagen zu aktuell wahrgenommenen Zuschreibungen an die eigene Rolle durch das Kollegium, die Auszubildenden, Medien, Politik, den Betrieb und zu deren zukünftigen Entwicklungen
Aufgaben und Tätigkeiten	▶ Aussagen zum Stellenwert der Ausbildertätigkeit im Unternehmen ▶ Aussagen zu Art, Dauer und Umfang der aktuellen und zukünftigen Ausbilderaufgaben und -tätigkeiten
Herausforderungen im Ausbildungsalltag	▶ Beschreibung von aktuell und zukünftig herausfordernden Situationen im alltäglichen ausbildungsbezogenen Handeln
Wandel der Ausbildung	
Wahrgenommene Veränderungen	▶ Konkret benannte Veränderungen im Ausbildungsalltag und die eigene Tätigkeit
Corona	▶ Aussagen zum Zusammenhang von Corona mit dem Einsatz digitaler Medien in der Ausbildung
Einsatz digitaler Medien	▶ Genannte digitale Medien/ Geräte/ Tools, die im Ausbildungsalltag aktuell eingesetzt werden ▶ Genannte Vorteile beim Einsatz digitaler Medien in der Ausbildung ▶ Benannte Gründe oder Erfahrungen, die gegen einen Einsatz digitaler Medien in der Ausbildung sprechen
Zukünftige Ausbildungsgestaltung	▶ Aussagen, wie die Ausbildung nach eigener Einschätzung zukünftig gestaltet werden wird
Professionalisierung	
Berufliche Handlungskompetenz	▶ Aussagen und Beschreibungen zur eigenen beruflichen Handlungskompetenz ▶ Aussagen zu aktuellen und zukünftigen Kompetenzanforderungen im Ausbildungsalltag, (z. B. pädagogisch-didaktische Kompetenz, Fachkompetenz etc.) sowie ▶ Aussagen zu formalen Qualifikationsanforderungen an Ausbildungspersonal
Weiterbildungsbedarf	▶ Aussagen und Beschreibungen zur Weiterbildung und zum marginalen Weiterbildungsbedarf, z. B. ▷ Weiterbildungsinhalte ▷ Rahmenbedingungen ▷ Gestaltung und Umsetzung von Angeboten

▶ Das Autorenteam

Melanie Schall, Wissenschaftliche Mitarbeiterin an der Universität Bremen

Arbeitsschwerpunkte: Didaktik beruflicher Bildung/E-Learning/berufswissenschaftliche Kompetenzforschung/arbeitsorientierte Weiterbildungsforschung

Prof. Dr. Falk Howe, Professor für Berufsbildung an der Universität Bremen, Abteilungsleiter am Institut Technik und Bildung.

Arbeitsschwerpunkte: Didaktik beruflicher Bildung/E-Learning/berufswissenschaftliche Kompetenzforschung/kompetenz- und arbeitsprozessorientierte Berufsbildung/Lernortkooperation

Kontakt

Melanie Schall, Falk Howe

Universität Bremen

Institut Technik und Bildung

Am Fallturm 1

28359 Bremen

schall@uni-bremen.de

howe@uni-bremen.de

▶ Abstract

Angesichts der Digitalisierung der Berufswelt wird die Weiterentwicklung der beruflichen Handlungskompetenz des betrieblichen Ausbildungspersonals bedeutsamer. Die Anpassung der Bildungsmöglichkeiten für diese Zielgruppe an diese aktuellen Anforderungen ist ein entscheidender Faktor.

In diesem Fachbeitrag werden die Ergebnisse des Vorhabens „Berufliche Handlungskompetenz des betrieblichen Ausbildungspersonals – Entwicklung und Validierung eines Kompetenzmodells" als Teil der konzeptionellen Arbeiten am Internetportal für Ausbildungs- und Prüfungspersonal „Leando" durch das BIBB vorgestellt.

Über Experteninterviews ($N = 16$) wird ein theoretisch hergeleitetes Kompetenzmodell zur Operationalisierung der beruflichen Handlungskompetenz von Ausbildern und Ausbilderinnen validiert und ausdifferenziert. Im Ergebnis entsteht ein Modell, das die aktuell bestehenden Anforderungen an diese Zielgruppe aufgreift und in unterschiedlichen Anwendungsfeldern eingesetzt werden kann.